成语「寓」科

成语中的科学启示

君说成语 系列丛书

张志君 张涵 著

新华出版社

图书在版编目（CIP）数据

成语"寓"科：成语中的科学启示 / 张志君，张涵著．
－－北京：新华出版社，2024.8．
ISBN 978-7-5166-7508-3

Ⅰ．H136.31-49；Z228.2

中国国家版本馆 CIP 数据核字第 2024468H5G 号

成语"寓"科：成语中的科学启示

著　者：张志君　张　涵
出版发行：新华出版社有限责任公司
　　　　　（北京市石景山区京原路 8 号　邮编：100040）
印　刷：三河市君旺印务有限公司

成品尺寸：165mm×235mm　1/16	印张：19.25　字数：150 千字
版次：2024 年 8 月第 1 版	印次：2024 年 8 月第 1 次印刷
书号：ISBN978-7-5166-7508-3	定价：69.80 元

版权所有·侵权必究
如有印刷、装订问题，本公司负责调换。

微店	视频号小店	抖店	京东旗舰店	请加我的企业微信
微信公众号	喜马拉雅	小红书	淘宝旗舰店	扫码添加专属客服

序 言

袁小平
中国教育电视台台长
2023年8月30日于北京复兴门

仰望历史长空，文化星河璀璨。

100万年的人类史，1万年的文化史，5000多年的文明史，我们的先辈留下了丰富宝贵的精神财富。今天人们经常使用的，具有"文化活化石"属性的固定短语成语无疑是这笔宝贵财富中的"明珠"，在文化星河中光彩夺目……

如何以时代的眼光不断发掘与汲取并持续滋养今天的文化传承与创新，也是有志者思考和实践的初衷。本书作者通过深入独特的切入角度、生动鲜活的叙事架构、独立观察的探究路径，借助一双发现"成语"与"科学技术"之间存在着内在关联性之"美"的眼睛，通过生动的笔触向我们细细讲述了诸多成语背后隐藏的科学精神与科学故事，并以此带给读者更多的思考和启示。

纵观本书，个人认为至少有以下特点。

一是独特视角的选题探究。这部书从选题内容到切入角度，都体现了作者的独到眼光和发掘探究能力。通过独特视角的切入、生动有趣的故事讲述与独特的文化内涵的发掘，探寻成语背后的科学精神与科学故事，使得本书的选题呈现出独特的价值。作者经过多年的观察，辅之以独立的思考，在占有了大量资料的基础上，通过深入挖掘，发现了很多成语背后所隐藏的与"科学精神"和"科学传播"有关的内在联系，从这些成语的"前世今生"说起，围绕着每个成语开展既有意思又有意义的叙事和议论。精雕细琢，数易其稿，结构成篇，精彩纷呈。

二是教育情怀的责任彰显。 在"一篇读罢头飞雪"的知识大爆炸时代，各种各样的出版物如过江之鲫，目不暇接。高质量的读物，对于读者，特别是对于广大青少年来说，无疑是上好的选择。本书作者多年从事教育传播和教育、文化研究等相关工作，特别是谙熟教育传播规律，有着教育媒体人特有的责任感，发挥资深"教育人""传播者"和"文化学者"多位一体的优势，通过作者的辛勤付出，凝结成一部定位教育、服务青少年学生和广大读者的特别之作。这部书摒弃了"照本宣科"式、"说教"式的成语解释的写作风格和叙事手法，而以"润物细无声"的、"沉浸"式的内容和阅读设计，让青少年通过阅读此书，学会为人处世，同时达到科普教育的目的。

三是文化传承的时代新意。 习近平总书记非常重视中华优秀传统文化创造性转化、创新性发展工作，他也非常重视运用中华优秀传统文化开展科学传播或科学普及工作，多次指出"科技创新、科学普及是实现创新发展的两翼，要把科学普及放在与科技创新同等重要的位置"。作为传统文化研究学者，作者以满腔热忱的文化情怀，强烈的历史主动性和责任感，以中华优秀传统文化创造性转化、创新性发展为己任，践行习近平总书记一系列重要讲话精神。该书的问世，便是作者主动运用中华优秀传统文化开展科学传播或科学普及工作的生动实践。

此外，本书从内容发掘、语言风格、结构设计、思想呈现等方面都具有独到之处。比如内容的"熟悉的陌生化"。本书所选择的成语可能是很多人都耳熟能详的，但作者却能够从很多人司空见惯、习焉不察的成语中引申出很多相关启示，给人以"出乎意料之外，又在情理之中"之感。再比如语言的"幽默化"。作者之一的张志君先生曾经应邀作为主讲嘉宾在中央电视台《百家讲坛》、中国教育电视台《国史演义》等著名栏目主讲中国优秀传统文化，所以本书特别注意通过风趣诙谐的语言在极短的时间之内快速抓住受众，这种习惯使其纸质平面的文字作品也一以贯之地保持着幽默诙谐的风格。再如结构的"悬念化"。悬念可以让读者产生好奇心理，激发他们的想象力。作者非常重视结构篇章时"悬念"的运用，让本书的内容环环相扣，引人入胜。还有如议论的"故事导出化"。衡量一部作品的"深浅"往往是看其是否具备一定的"思想性"，而"思想性"在很多人看来都是需要借助相关议论才能够得以呈现的。本书二十个章节中的每一个"启示"都是在以相关故事作为"先导"的铺垫下于潜移默化中得出的。

本书作者是与我共事多年的同事，曾经担任过中国教育电视台副总编辑,是享受国务院政府特殊津贴专家,三级研究员。现任中宣部、教育部高等学校与新闻单位从业人员互聘"千人计划"中国政法大学特聘教授、北京大学电视研究中心特约研究员、中国传媒大学博士生导师、中国电视艺术家协会电视理论专业委员会副会长、福建省"闽江学者"讲座教授、中华人民共和国教育部向国家新闻出版广电总局推荐的"全国新闻出版行业领军人才"、中央广播电视总台媒体融合研究院专家委员会委员、中国科教电影电视协会常务理事等职务。近30年来,先后在我国出版各类图书数十部。

相信这本书的出版有助于增进广大读者,尤其是广大青少年读者对中国优秀传统文化以及科学精神和科学技术的热爱和尊崇,所以乐意为之序。

目录
CONTENTS

第一章　实事求是

第一节
"实事求是"：一个您可能并不真的了解其全部含义的成语　003

第二节
无论是做人做事，还是从事科学工作都要承认现实并且尊重现实　005

第三节
"求是"说起来容易做起来难　013

第二章　民胞物与

第一节
"民胞物与"：出自"横渠四句"作者之口的成语　021

第二节
挚爱人类，乃是所有志士仁人，尤其是科学研究工作者和科学传播工作者所必须具备的基本精神和基本素质　024

第三节
尊重自然、保护自然、借力自然，乃是所有科研工作者和科学传播工作者能够长久为人们所接受的一个关键点　027

第三章　斗转星移

第一节

"斗转星移"：与一位喜欢穿奇装异服的先秦诸子有关的成语　　037

第二节

实践出真知，生活中不是缺少美，而是缺少发现美的眼睛　　040

第三节

要充分认识到世界是不断变化的，任何变化都有一个从量变到质变的过程，对量变和质变都要同样加以关注，尤其不能忽视量变　　046

第四章　寻章摘句

第一节

"寻章摘句"背后的"高级黑"故事　　053

第二节

"寻章摘句"乃是知识传播过程中的相关行为主体应共同遵守的行为范式　　057

第三节

"寻章摘句"只是手段，而非目的，不能仅仅停留在所寻之章、所摘之句上，而应对所寻之章、所摘之句进行创新性转换和创造性发展　　061

第五章　础润而雨

第一节
"础润而雨"：出自一篇"碰瓷"文章的成语　　067

第二节
世界是普遍联系的，没有联系就没有世界　　072

第三节
在寻找事物之间关联性的时候，应该注意排除各种各样的干扰，以避免沦为世人眼中的"不经之谈"或者笑柄　　078

第六章　囊萤映雪

第一节
"囊萤映雪"：一个经不起科学检验的成语　　085

第二节
要警惕打着科学名义的伪科学，甚至反科学　　088

第三节
既不能"没有良心"，也不能当"傻瓜"　　092

第七章　望梅止渴

第一节
"望梅止渴"：一个因为应对事先考虑不周而险些酿成大祸而诞生的成语　099

第二节
科学技术发明、发现与创造往往源于生活　102

第三节
要注意认真区别看起来相似的事物，努力做到合情、合理、合法，从而尽可能为更多人谋取福祉　107

第八章　杯弓蛇影

第一节
"杯弓蛇影"：一个被"降妖抓怪"解除心病的成语　113

第二节
世上本无事，庸人自扰之，要努力加强心理健康能力建设，避免负面应激反应　117

第三节
"心病"还需"心药"医，解决问题需"对症下药"　122

第九章　动如参商

第一节

"动如参商"：一个引发杜甫"朋友圈"究竟都有谁争论的成语　129

第二节

世界是不断运动变化发展的，如果对此没有清醒的认识，就有可能陷入不应该陷入的窘境　132

第三节

不畏浮云遮望眼，只缘身在最高层。要避免被眼前所见蒙蔽，就应该树立大局意识和具备战略眼光　137

第十章　运斤成风

第一节

"运斤成风"：一个为了怀念"杠精"朋友而问世的成语　143

第二节

宝剑锋自磨砺出，梅花香自苦寒来。任何神奇和成功的背后，往往都有不为人所知的不懈努力和奋斗　147

第三节

人生得一知己足矣，寻找到一个好的合作伙伴乃是成功与否的关键　152

第十一章　万世不竭

第一节

"万世不竭"：一个一代伟人曾经用它来为外国科学家的最新研究"打call"提供论据，并且作为与来宾谈话谈资的成语　159

第二节

想象力是一种重要的能力，失去了想象力往往就意味着失去了创造力　163

第三节

好的想象必须合情合理，应当做到"出乎意料之外，又在情理之中"　167

第十二章　一叶障目

第一节

"一叶障目"：一个因为误读而引发一场法律官司的成语　173

第二节

要认真分辨并时刻警惕，严防那些各种各样的"障目""一叶"　176

第三节

解铃还须系铃人，要去除自己心中"障目"的那片"树叶"，关键还在于自己　179

第十三章　杞人忧天

第一节

"杞人忧天"：一个绝不仅仅是"忧天"的成语　　185

第二节

有一定的忧患意识没有什么不对，关键是要采取积极的应对策略　　188

第三节

"杞人忧天"故事的后半段凸显了科学知识和科学传播的重要性　　192

第十四章　月满则亏

第一节

"月满则亏"：一个被用来胁迫别人帮助自己获得高官厚禄"凶器"的成语　　199

第二节

不自满并不仅仅是一种人生态度，更是能够确保相关行为主体更好地生存和可持续发展的重要保障　　203

第三节

要完整、准确、全面地理解客观规律，保持在黑暗中看见光明，在低潮中预见到高潮的乐观心态，从而在新的语境中有所作为　　207

第十五章　病从口入

第一节
"病从口入"：一个目睹别人吃生鱼片导致死亡有感而发的成语　213

第二节
管住嘴，说起来容易，做起来却很难　216

第三节
凡事都有一个度，过犹不及　219

第十六章　揠苗助长

第一节
"揠苗助长"：一个被智者通过调侃特定国家的老百姓来为自己的鸿篇大论做论据的成语　225

第二节
欲速则不达，任何客观事物都有其客观规律，违背规律可能就会受到惩罚　228

第三节
要注意"动机"与"效果"之间的有机统一，努力避免从所谓"好"的动机出发而导致不好的结果　231

第十七章　海市蜃楼

第一节
"海市蜃楼"：一个曾经引发一次著名历史事件的成语　237

第二节
要充分认识到人类的认识有一个不断深化的过程，不能也不应因为"今是"而简单地否定"昨非"　241

第三节
不能因为"明天"即将到来，就在"今天"无所作为　245

第十八章　老马识途

第一节
"老马识途"：一个使得管仲避免提前成为"李广"的成语　251

第二节
要敢于摒弃"人是万物之灵长"的固化观念，善于发现动物的优点并且勇于向它们学习　256

第三节
不但要善于发现动物本身的优点，而且还应利用它们这些优点来为人类更好地服务　260

第十九章　顾影自怜

第一节

"顾影自怜"：一个充分折射了一位名门后代隐秘心理的成语　265

第二节

如果长期被消极的心理情绪所控制，将可能会影响到人的生活质量，甚至进而有可能影响到人的健康长寿　269

第三节

与其"新亭对泣"，不如"闻鸡起舞"　272

第二十章　雁过留声

第一节

"雁过留声"：一个充满皇帝忏悔的爱情故事衍生出来的成语　277

第二节

唐太宗李世民的"千古一叹"背后透露出来的秘密　279

第三节

要学即墨大夫，不要学东阿大夫，更不要把桓温的那句话当成座右铭　283

第一章 实事求是

第一节 "实事求是"
一个您可能并不真的了解其全部含义的成语

"实事求是"是一个很多人似乎都耳熟能详，但又未必了解其全部含义的成语。说很多人似乎都对其耳熟能详，是因为一般人都知道这是一个流传甚广的成语，稍微有那么一点儿古典文化常识的人，可能还知道它出自班固的《汉书·河间献王传》，与一个名叫刘德的人有关，[①] 说很多人其实并不完全了解，是因为这个成语除了可以形容刘德这个人或者这样的人之外，还与一门学科有关。这门学科就是"科学"。明朝末年，西方科技理念传入中国，当时的"科学"被称为"格物穷理之学"，"格物穷理"与"实事求是"的意义相同，"科学"也自然而然地就和"实事求是"这个成语联系在一起。到了1840年鸦片战争之后，中国人开始"睁开眼睛看世界"，当时的一位著名学者，曾国藩的长子曾纪泽开始将"实事求是"与"科学"画等号，提出要学习"海国人士深思格物、实事求是之学"。[②] 曾纪泽笔下的"实事求是之学"就是我们今天所说的"科学"。包括但不限于上述这些都说明，在明末清初或者至少在清代中晚期，"实事求

[①] 一丁：《"实事求是"出何典故》，《中学政治课教学》1981年第2期。
[②] 朱汉民：《实事求是思想的传承与发展》，《新湘评论》2021年第4期。

是"确实在某种意义上成了"科学"的代名词。

  回望历史,抚今思昔,"实事求是"这个成语确实留给我们很多启示。

第二节 无论是做人做事，还是从事科学工作都要承认现实并且尊重现实

"实事求是"这个成语所涉及的刘德本人，其实就是一个承认现实并且尊重现实的典范。熟悉那段历史的朋友想必都知道，刘德乃是西汉第四任皇帝汉景帝刘启的儿子，刘启这个人有一共有14个儿子，在西汉初年，由于种种原因，最高统治者的接班人问题一直没有得到制度性的保证和解决。从西汉的第一任皇帝汉高祖刘邦开始，就带头破坏了"嫡长子继承"的原则，曾经一度想把皇帝的宝座传给他宠爱的戚夫人所生的儿子赵王刘如意。即使是到了刘邦的孙子汉景帝刘启这一代，"接班人"问题也没有得到很好的解决。虽然后世的我们都知道西汉景帝之后就是汉武帝刘彻，但是，一开始的时候，刘启却并没有想把皇帝的宝座传给当时还是一个王子的刘彻，而是先立了刘彻的哥哥刘荣做太子。但是由于刘彻用所谓的"金屋藏娇"的诺言收买了汉景帝的姐姐馆陶长公主刘嫖，挑拨汉景帝废掉了刘荣改立刘彻为太子，在这样的历史背景中，刘德至少面临着两种选择，一种是加入皇位继承的角逐之中，另外一种是认清现实并且承认现实，睿智的他选择了后者，所以他就一门心思钻研文化，收集古籍，并没有和自己的弟弟刘彻去竞争什么皇帝宝座。这是在"做人"方面。在"做事"方面他也是如此。刘德之所以受到当时人乃至后代的

广泛认可，原因有很多，其中很重要的一点是他利用自己特殊的身份不惜花费重金到民间收录了很多濒临失传的典籍，并且延揽到了两位当时颇负盛名的学者毛苌和贯长卿，分别修订了《左传》和《诗经》，当时的西汉帝国，由于最高统治者汉武帝的纵容，"学术造假"的风气非常流行，以董仲舒为代表的一些知识分子，出于为统治阶级服务的需要按照当时实用政治的需要，穿凿附会地解说儒家经典，学术上有不少值得商榷之处。而刘德在组织学者收集、整理古籍的过程中，却特别注意尊重现实，尊重客观事实，所以他收集来的《诗经》《左传》以及对这些经典的解读都被后人视为非常标准的文本。①

  其实，在科学传播和科学研究的过程中，我们要像古人一样，认清现实并且承认现实。要做到这一点，还需要"有胆有识"。因为"现实"是非常复杂的，从理论上说，至少可以分成两大类，一大类是真实的客观现实，还有一大类是并不真实的客观现实。真实的客观现实我们且不去说，而并非真实的客观

---

① 蔡仲德：《河间献王刘德评传》，《河北师范大学学报(哲学社会科学版)》1983 年第 1 期。

现实又有很多情况，从理论上说，又可以大致分成两大类，一类是其他人有意捏造虚构出来的"现实"，还有一类就是并不一定是有意捏造但是以讹传讹形成的"现实"。对于这些，无论是有意捏造虚构出来的，还是无意中以讹传讹的虚假的"现实"，想要识别清楚，就要充分发挥相关行为主体的主观能动性，就是要充分调动相关行为主体的各个身体器官，来辨识这些可能存在着虚假的"现实"。在综合调动身体器官时，从古到今往往形成了一个由弱到强的"可信度"链条，一般来说，人们并不是非常相信运用耳朵这个身体器官听到的东西，相比于听到的，而更愿意相信用眼睛这个身体器官所看到的，正是从这个意义上说，人们才造出了"耳听为虚，眼见为实"这样的短语。但是，由于种种原因，有的时候不仅耳听的为虚，而且眼见的也不一定真的为实。为什么眼见的不一定为实？因为倘若没有相应的教育、知识储备，没有相应的人生经历，即使别人把有意捏造虚构出来的或无意中以讹传讹的虚假的"现实"摆到你的面前，你也不一定能够识破，尤其是在面对运用现代信息技术进行不同的"拼接"时，更会令人难辨真伪。电视剧《潜伏》中余则成为了继续潜伏，拼接了一盘敌特分子李涯会见地下党的录音带，这是借助当时的现代信息技术来进行声音造假的例子。苏联导演曾经说过，将以下 A. 一个人在笑；B. 一把手枪直指着；C. 同一个人脸上露出惊惧的样子，这三个画面分别进行不同的组合，可能至少会得出以下几种不同的观感：如果用 A—B—C 次序连接，会使观众感到那个人是个懦夫、胆小鬼，而用 C—B—A 的次序连接，这个人给观众的印象可能是一个勇敢的人[①]。

除了遇到借助现代信息技术捏造出来的"现实"之外，有的时候可能还会遇到其他手段的造假情况，尤其是借助政治力量进行造假时，在这样的情况下想要认清现实，除了需要"有识"以外，还需要"有胆"。比如说在 20 世纪 50 年代"大跃进"的过程中，有些地方号称亩产可以超过万斤或者 10 万斤，有些从事科学传播的新闻记者，可能不是不知道这种情况，但是迫于当时的外部压力，他们只好做虚假式的传播和报道，这方面的教训应当说还是非常深刻的。

其实，科学研究过程中，不仅要认清现实，而且要勇于承认

---

① 赵欣源：《电影艺术中的蒙太奇》，《文化产业》2023 年第 14 期。

现实。曾经破解了世界著名数学难题哥德巴赫猜想的著名数学家陈景润先生曾经讲过这样一个故事，这个故事与早年的他有关，说的是上中学时的陈景润和他的同学们一起痴迷数学。有一天，他们自认为一起努力解决了一个世界性的数学难题，第二天上学时就兴冲冲地去向老师诉说自己的成功，数学老师看了他们的答案只觉得有些啼笑皆非，忍不住对他们说，解决世界性数学难题，那是需要有非常强的基础的，你们现在这样没有什么基础就想攻克世界性数学难题，无异于骑着自行车想上月球啊！[①] 数学老师的话可能不无调侃的意味在里面，但确实从一个角度告诉我们认清现实并且承认现实是做好科研工作的基础和前提。

这方面确实既有成功的经验，也有失败的教训。不妨跟大家一起分享两个故事，故事之一与华为有关。今天熟悉华为历史的朋友，想必都会将其和5G技术联系在一起，但是，倘若不熟悉信息通信技术发展历史和华为发展历史的朋友，可能忍不住会提出一个问题，就是华为为什么只是在5G的时代才突然领先全世界，而没有在3G、4G甚至1G、2G的时代就领先世界呢？说这

---

① 徐迟：《哥德巴赫猜想》，《人民文学》1978年第1期。

话的朋友，如果是不了解历史那还情有可原，如果了解过去历史那就需要打一个问号了！因为众所周知，在信息通信技术领域，1G时代，中国属于完全的"学跑"阶段，而2G、3G时代处于"跟跑"阶段，到了4G才进入"并跑"阶段，只有到了5G才处于"领跑"阶段。在1G、2G时代，或者3G、4G时代，就想要"领跑"信息通信领域，那无异于像陈景润的中学老师所调侃的那样，是想"骑着自行车上月球"，想可以，但是根本做不到！而任正非先生正是认识到这一点，所以才亲自主导华为的技术研发和创新，在3G、4G时代，暗暗蓄力做了大量基础性研发工作，所以到了5G时代才发力领跑。这不由让人想起一句老话，"台上十分钟，台下十年功"！与任正非先生的认清现实并且承认现实的成功经验相反，这里笔者想讲一个失败的教训案例。这个教训与一个名叫陈进的人有关，陈进其人，在21世纪最初那几年，具体说就是2003年前后，那可是一个响当当的人物。当时他曾经号称带领科研团队研制出了中国第一款领先于世界的芯片，曾经被当时的信息产业部、上海市科委、上海市教委组织的鉴定组鉴定为"成果接近国际先进技术，在某些方面的性能甚至超过了国外同类产品"，陈进本人也获得了一系列的荣誉，不仅被上海市科委授予"上海市科技创业领军人物"称号，而且被多所著名大学聘为教授或院长，甚至还组建了一系列相关企业，但是纸里终究是包不住火的。就在他获得一系列殊荣之后不久，有人在一个论坛上举报他学术造假，有关方面根据这个举报对陈进研制出来的芯片"汉芯一号"进行了认真的调查和核实，经过调查核实后发现，所谓他研制出来的"汉芯一号"芯片实际上乃是他的弟弟花钱从美国一家公司买过来的一枚芯片，然后把芯片上那家外国公司的名称磨掉，换上"汉芯"两个字而已，所以有人调侃说，"汉芯一号"哪里是研制出来的，那是"磨制"出来的芯片啊！[1] 这件事情暴露开来之后，很多专家学者一方面为当时的主流话语层知错就改，顺应民意，取消了陈进的一系列待遇，追回了给予他的项目资金和补贴而拍手叫好，另一方面对没有顺藤摸瓜地追究参与鉴定的相关鉴定人员的责任而感到愤愤不平。他们认为，那些专家缺少最起码的职业道德。其实，那些专家除了缺少最起码的职业道德以外，他们的职业素

---

[1] 杨琳桦：《陈进与 JinChen 的对敲游戏》，《21 世纪经济报道》2006 年 2 月 20 日第 1 版。

养也是令人怀疑的！因为在信息通信领域的专家应该都知道"汉芯一号"这种高端的科研产品问世，是需要大量的前期研发工作作为支撑的，就像华为公司不可能在1G、2G的时代，或3G、4G的时代研发出5G这样的高端技术一样。当初参与鉴定的信息通信领域的专家，如果稍微有一点职业素养的话，不用别人举报就会发现陈进在当时的情况下，是不可能研发出领先世界的先进芯片"汉芯一号"的。事实也的确如此。即使20多年过去了，我们在芯片领域的高端头部行列还是相对落后于欧美。包括但不限于上述正、反两方面的经验和教训告诉我们，从事科学工作，无论是科学研究，还是科学传播，都应该认清现实，并且承认现实，这样才能使自己立于不败之地。

第三节 "求是"说起来容易做起来难

"求是"是一件听起来很美，做起来很难的事情。之所以这样说是因为"求"与"是"都不简单。"求"的过程就是一个战胜自我，博弈他人的复杂过程，"是"也并不是就等在那里，让你不费吹灰之力就可以找到的真相或真理。四大古典文学名著之一的《西游记》中有一句话说得好"有经处有火，无火处无经"！其实，面对各种各样"火焰山"的又岂止唐僧师徒！我们不妨讲几个故事。首先来看作为个体"求是"是如何的不容易。2023年初，中央电视台电视剧频道曾经首播了一部电视剧叫《狂飙》。这部电视剧中饰演反派人物高启强的张颂文，因其高超的演技获得了广大电视观众的高度认可，而由知名演员张译饰演的警察安欣却是一个引发人们广泛思考的角色。应当说，安欣代表的是正义的一方，或者用我们本节的话说，就是代表的"求是"的一方，按道理说，他应该是行走在充满鲜花和掌声的坦途上，但是，在剧中却完全相反，不仅他曾经的朋友与他分道扬镳，他曾经深爱的女友与他分手离去，他的上级也弃他而不顾，可以说，在电视剧所营造的时间和空间里，安欣在相当长的一段时间里是不得"安心"的，之所以如此，那就是他的"求是"过程中难免会触动其他人的利益，断了别人的财路，挡了别人的官路。所以在相当长的一段时间里，安欣一路碰壁，碰得头破血流，不仅不能在自己所热爱的岗位上继续工作，而且还被调整到一个他并不想干的岗位上，如果没有党中央决策"扫黑除恶"，那么，安欣很可能终其一生碌碌无为。

说完了作为个体的行为主体在"求是"的过程中是如何的不容易，我们不妨再来看看作为群体的团体在"求是"的过程中是如何的不容易。我们可以从两个团队讲起，一个是诸葛亮团队，另一个是岳飞团队。我们都知道，诸葛亮之所以受到华夏儿女的敬仰，并不仅仅是因为他特别聪明，更重要的是他一生都在追求一个理想，这个理想用当时的话语加以表述，就是"兴复汉室，还于旧都"，结束当时的分裂状态，重新使华夏民族处在一个统一的国家之中，让人民过上安定的生活。应当说这个理想是无可挑剔的，但是为什么诸葛亮却终其一生都没有实现他这个崇高理想呢？除了外部的原因以外，其实其自身团队内部存在着相关的问题。我们都知道，诸葛亮一生曾经有六次北伐，其中有一次已经取得了相当大的进展，但最后却黯然而返，其原因并不是敌对一方曹魏的军队有多强悍，而是因为诸葛亮团队的内部一个叫李严的人在拖他的后腿。李严这个人今天很多人可能并不熟悉，但在当时的知名度却和诸葛亮差不多，刘备临终的时候，一共对两个人进行了托孤，一个是诸葛亮，另外一个就是李严。正是由于有这么高的身份，所以他看着诸葛亮率领北伐军即将取得重大成功的时候，就忍不住使绊子给诸葛亮拖后腿，结果导致了这次北伐无功而返。[①]这是一个团队内部成员因为对主要成员的羡慕嫉妒恨而导致团队"求是"失败的例子。下面我们不妨再看一个团队内的主要成员对团队内的骨干力量羡慕嫉妒恨，或者说心生怀疑而导致团队"求是"失败的例子，这个团队是岳飞团队。南宋初年，在面对金兵入侵的时候，岳飞挺身而出，组建了一支以他的姓氏命名的岳家军，这支军队当时可谓是攻无不克，战无不胜，一度还打到离宋朝被金国夺去的首都汴梁很近的地方，但是却被当时的皇帝宋高宗赵构连发12道金牌追回，最终在风波亭含冤去世。岳飞团队之所以失败，并不是岳飞和他的兄弟们不努力，也不是外敌非常强大，而是因为他这个团队内部的"老大"宋高宗赵构一心想要与金国媾和，不想让岳飞取得重大

[①] 罗开玉:《诸葛亮、李严权争研究》,《成都大学学报(社会科学版)》2006年第6期。

胜利，因为岳飞曾经提出过一个口号，叫作"直捣黄龙，迎回二圣，与诸君同饮耳"——就是要迎回被金军所俘虏的北宋的两个皇帝宋徽宗和宋钦宗，作为宋徽宗之子、宋钦宗之弟的宋高宗赵构非常恐慌，唯恐二圣归来抢走他的皇帝宝座，所以，在岳飞即将取得重大胜利的时候，在后方使绊子，把岳飞急召回去，使得北伐事业功败垂成。

  科学研究和科学传播想要"求是"也很难。在科学研究和科学传播过程中要想贯彻"求是"精神，就必须要做到至少"三好"，所谓"三好"一是要有好奇心，二是要有好胜心，三是要有好传心。我们不妨来看一下好奇心。人类社会的很多重大发明，往往都是从好奇心开始的。苹果熟了从苹果树上掉下来，这是自然规律，几千年来很多人都视而不见，习焉不察，唯有牛顿，却因为对苹果落地的情况有了好奇心才发现了万有引力定律。这就是许多人都耳熟能详的牛顿因为见到苹果掉下进而发现万有引力定律的故事，当然，有人经过考证，说这个故事是后人编造的，但是这个故事所折射出来的作为科学家的牛顿的那种好奇心精神却是真实存在的，牛顿本人也多次说过，"真理之海，让未发现的一切躺在我面前，让我去探索"。正是这些好奇心驱使牛顿开展了一系列探索工作，同样的道理，很多人看到火炉上的水壶在烧开的时候壶里的水会把壶盖冲得不断向上跳动，绝大多数人对此都习焉不察，瓦特看了却引发好奇心，最终发明了蒸汽机，这些都是很多人耳熟能详的故事。

下面我们不妨分享一个很多人可能不一定非常熟悉的故事，这个故事与第二次工业革命有关。大家可能都知道，第二次工业革命是以发电机等电气化技术为主要标志的革命，这次革命与一种物理现象"电磁感应"有关，电磁感应是电磁学领域最重大的发现之一，它揭示了电和磁之间的相互联系。这个发现在今天很多人可能都知道其知识产权属于一个名叫"法拉第"的人，其实，它原本应该属于一个名叫科拉顿的瑞士物理学家，法拉第是在 1831 年 8 月正式发现电磁感应现象并制造出相关机器设备的，而早在 6 年前的 1825 年，科拉顿就在人类历史上做了第一次有关电磁感应的实验。只不过他把实验装置安排在两个不同的房间，因为在不同的房间跑来跑去，所以一直没有得到理想的实验结果，[①]有人说，科拉顿之所以没有成功，是因为他没有把实验装置放到同一个房间，也有人说是因为没有在另外一个房间放一个实验助手，这些说法不能说没有一点点道理，但笔者却认为，科拉顿之所以功败垂成，其中很重要的一个原因应该是他的"好奇心"并不是十分的强烈，而法拉第之所以能够成功，其中很重要的一点是他充满了好奇心，正是这种强烈的好奇心驱使他将科拉顿研究实验的终点当成了自己的起点，最终于1831年制造出了全世界第一台发电机。在"求是"的过程中，好奇心、好胜心和好传心，三者是相辅相成，缺一不可的。所谓好奇心，实际上就是把别人思考的终点当成你思考的起点。所谓好胜心，就是要有像马克思所说的那样站在科学的入口处就像站在地狱入口那样的勇敢无畏，要战胜一切困难去取得科学研究胜利。所谓好传心，就是要尽快地将你的研究发现广而告之，从而造福更多的人和社会。

[①] 华兴恒：《科拉顿"跑"失良机法拉第巧获成功》，《物理教学探讨》2009年第35期。

第二章
民胞物与

第一节 "民胞物与"出自"横渠四句"作者之口的成语

"民胞物与"是一个成语，它出自北宋时期的一篇文章，叫作《西铭》，原文是"民吾同胞，物吾与也"。这篇文章的作者叫作张载，提到张载，可能很多人并不一定很了解，但是我想很多人应该听说过下面这四句话："为天地立心，为生民立命，为往圣继绝学，为万世开太平。"这就是很多人都耳熟能详的"横渠四句"，这四句话在网络上出现频率非常高，有很多穿越性质的网络小说描写穿越者穿越到北宋以前的时代，往往就靠随口说出这四句话而引得一干崇拜者纳头便拜，王霸之气顿显！张载这个人，乃是北宋时代甚至是整个中国历史上都非常有名的学者，他一生所涉猎的领域除了我们今天通常所说的"人文社会科学领域"，还涉足"自然科学领域"，是一个那个时代甚至是今天也非常难得的通才，他还自己开创了一个学派，就是"关学"。很多人可能都注意到，中国古代的某些文化人，在具有了一定的知识储备和社会知名度之后，往往依靠互相拿着"放大镜"去观察别人身上的缺点和毛病，并将其传播出来而抬高自己的身价和知名度，这一点在北宋以及其后的历朝历代都是一个比较普遍的现象。在张载所生活的那个时代，很多非常有名的文化人往往都不能免俗。比如说苏东坡，在很多人的印象中，苏东坡乃是一个特别具有包容度的人，用他自己的话说就是上可以和玉皇大帝谈天，下可以和街边的小商小贩来论地，所以，苏东坡给人感觉就是一个非常忠厚的长者，但是即使是这样忠厚的长者，也经常拿他同时代的文人开玩笑，甚至还不无恶毒地拿别人的生理缺陷来开玩笑。比如说，和他同时代的另外一个文化名人叫作刘贡父，此人晚年得了重病，鼻梁塌落，苏东坡因此借用汉高祖刘邦的"大风起兮云飞扬，安得猛士兮守四方"来嘲笑刘贡父说"安得猛士守鼻梁"！[1] 王安石是北宋著名的政治家，也是著名的文学家，可是，苏东坡却认为王安石没有多大学问，有一次，王安石写了一首诗，其中有两句是"西风昨夜过园林，吹落黄花满地金"，苏东坡见了却嗤之以鼻，信笔写下了两句"秋花不比春花落，说与诗人仔细吟"加以嘲笑，[2] 其实，喜欢嘲笑甚至贬低他人的又岂止是苏东坡，所以，中国古人早就感同身受地说过"文人相轻，自古已然"！但是，确实有一些人终其一生没有受到他人的嘲笑甚至贬低，比如说我们本章提到的张载。清代的

---

[1] 彭文良：《苏东坡的风趣与幽默述评》，《黄冈职业技术学院学报》2015年第2期。

[2] 佚名：《东坡悔续菊花诗》，《小学教学研究》2011年第30期。

谭嗣同是一个睥睨天下的人，在他的眼中，很多大人物都微不足道，但他对张载却赞誉有加，甚至说出"凡为仁学者，于中国当通张横渠"①这样的话，英国著名的自然科学史研究专家李约瑟先生穷其一生一直在研究中国古代科技发展的历史，在他那部《中国科学技术史》中也多次提到张载，并且对他赞誉有加。张载之所以能够受到包括谭嗣同和李约瑟这样的中外名人的赞誉，原因当然有很多，但是我想其中很重要的一点可能就在于他具有这种"民胞物与"的情怀吧。恰如明末清初著名思想家王夫之先生所说"张子之言无非《易》，立天，立地，立人，反精研几，精义存神，以纲维三才，贞生而安死，则往圣之传，非张子其孰与归！"②

---

① 聂蒲生：《论谭嗣同思想产生的社会基础和理论渊源》，《枣庄师范专科学校学报》2002 第 6 期。
② 王兴国：《"希张横渠之正学"——王夫之是如何推崇张载的》，《船山学刊》1999 年第 2 期。

第二节

挚爱人类，乃是所有志士仁人，尤其是科学研究工作者和科学传播工作者所必须具备的基本精神和基本素质

"仁者爱人"，乃是《论语》中孔子说过的一句话，也是从周代以来几千年中国社会一直延续下来的一个光荣传统，一切有良知的人都是对人类充满挚爱的。纵观中国历史，殷商王朝实际上是"不爱苍生爱鬼神"的，在商朝统治者的心目中，人只是他们祭献给鬼神的一些行走的祭品而已。正是因为他们"不爱苍生爱鬼神"，所以最终被原本是其藩属国的周灭掉了，周原本只是殷商王朝西部边陲的一个小国，在联合了当时很多诸侯国一起灭掉商之后，为了确保自己执政的合法性和合理性，以周公旦为代表的周朝统治者殚精竭虑地创造出一套帮助人们更好地"爱人"的行为准则，这就是所谓的"周礼"，在周朝统治者看来，像殷商王朝那样，"不爱苍生爱鬼神"是不行的，必须爱人才能够确保统治。《论语·乡党》中曾经记载过这样一个故事，说的是，孔子有一次下朝回家，听说马厩失火了，就很着急地问身边的人，"伤人乎？"——伤人了没有而"不问马"——没有问马有没有受伤。如果不了解当时的时代背景，可能会觉得这段对话无所谓，要知道，在孔子所生活的那个时代，马匹是一个非常重要的衡量各种力量的尺度。它既可以用来衡量一个国家军事力量的强弱——所以当时衡量一个国家的强弱有所谓"万乘之国""千乘之国"和"百乘之国"的区别，也可以衡量一个人在社会上的

地位，就是出行是否有"高车驷马"，那个年代，马在某种意义上就相当于现在的豪车，马匹对于孔子来说非常重要，那是他周游列国的重要交通工具。但是即使是如此，听说马厩失火之后，他也是问有没有伤到人，而没有问马的情况如何。这实际上就是体现了孔子的那种"仁者爱人"的精神。孔子以后的孟子，更是指出了"仁者爱人"的路径，那就是要"由近及远"地"老吾老以及人之老，幼吾幼以及人之幼"。在孔子、孟子之后长达几千年的中国历史中，无论是范仲淹的"先天下之忧而忧，后天下之乐而乐"，还是林则徐的"苟利国家生死以，岂因祸福避趋之"其实都是说要对人充满爱。

其实，岂止是人文领域，在自然科学研究领域，所有有良知的科学家也都是以"爱人"作为自己从事科学研究的出发点和动力源泉的。司马迁的《史记》，曾经记载了中国历史上最早的几个"科学家"的故事，其中一个叫作神农氏。神农氏一生最大的"科研成果"就是他遍尝百草，就是各种各样的草本植物，以便辨别哪些有毒，哪些没有毒。这项工作不要说在当时，即使在今天，也是具有很大风险，甚至稍有不慎就可能危及性命的。神农氏不应该不知道这一点，那为什么他还要这样去做呢？其中原因可能有很多，但很重要的一点应该就是他对人充满了热爱，想要通过自己先尝先试，以便为其他人寻找到可以食用的草本植物，从而延续人们的性命，确保他们能够活下去。

如果说神农氏还是司马迁笔下的传说中的"科学家"的话，那我们不妨再分享一个真实的科学家的故事。这个故事的主人公叫作袁隆平。袁隆平先生早年生逢乱世，跟着母亲躲避日本侵略者飞机的狂轰滥炸，四处逃亡，大学毕业后又赶上了十年特殊时期，不得不几度终止自己心爱的研究工作，只是到了中、晚年之后，他才有机会一展身手，随着季节的变迁而走遍祖国各地，去寻找野生的稻种。经过很多年孜孜不倦的努力，终于研制出了可以大面积增进亩产的优质水稻。袁隆平先生之所以这样做，原因有很多，我想其中很重要的一点是他有一个梦想"禾下乘凉梦"，希望自己培育的水稻能够长得又高又粗又壮，多打粮食，人们可以躺在水稻禾苗下面乘凉。这个梦想实际上就折射了袁隆平先生对于人类的挚爱。正是因为有以袁隆平先生为代表的一批中国科学家不懈努力，才使得中国人民甚至世界上很多国家的人民免于饥饿，由此可见，"仁者爱人"绝不是一句空话。

第三节

尊重自然、保护自然、借力自然，乃是所有科研工作者和科学传播工作者能够长久为人们所接受的一个关键点

作为与人相对立的客观存在，大自然从古到今一直引发人们对于它与人类之间关系的思考。中国古人其实早就注意到了人与自然之间的既矛盾又统一的关系。早在先秦时代，著名的思想家荀子就提出一个观点，叫作"天行有常，不为尧存，不为桀亡"，言外之意，就是告诫人们自然界的规律是不以人的意志为转移的，必须尊重自然规律。"二十四节气"可谓是中国的独创，[①]纵观环球各国，像中国这样将一年365天，每隔15天分成一个节气的，是绝无仅有的。二十四节气的提出实际上就是充分尊重自然规律的一种体现，比如说，"过了芒种，不可强种"等，二十四节气中的某些名称也是经历过变化的，据相关史料记载，二十四节气中的第三个节气"惊蛰"最早并不是叫"惊蛰"而是叫"启蛰"的，从"启蛰"改为"惊蛰"，这中间涉及中国古代一个很复杂的礼仪制度，这个礼仪制度就叫作"避讳"。所谓"避讳"，就是在封建时代作为臣子和晚辈的人，对皇帝和自己的父母、祖父母等的名字，遇到的时候既不能读出来也不能完

---

① 屈垠利：《中国农历——一块落满灰尘的中华瑰宝》，《社科纵横（新理论版）》2012年第3期。

整地写出来。读过《红楼梦》的朋友可能不难发现，林黛玉在写"敏锐"的"敏"的时候，总是缺一笔，林黛玉虽不能说是"才高八斗、学富五车"，但也不会文盲到总把"敏"字写错的地步吧？之所以如此，唯一的一个原因就是她的母亲姓贾名敏，为了避讳，写"敏"字的时候必须缺一笔。①唐代的著名诗人李贺，只是因为他父亲姓李名晋肃，"晋"与"进士"的"进"谐音，所以当时的朝廷竟然不允许他参加进士考试。②"启蛰"之所以变成了"惊蛰"是因为西汉第四任皇帝汉景帝的名字叫作刘启。这就给当时的人们包括刘启在内出了一道难题，鉴于二十四节气当时在民间流传比较广泛，即使是作为最高统治者的刘启也并不敢不用二十四节气，而只是命人把"启蛰"改成了"惊蛰"。这个故事从一个侧面形象地说明了中国古人对于自然规律的尊重。

除了尊重自然以外，中国古人同样重视保护自然，孟子他老人家就曾经说过，"不违农时，谷不可胜食也；数罟不入洿池，鱼鳖不可胜食也；斧斤以时入山林，材木不可胜用也"！各个朝

---

① 许美华：《中国古代民俗中的称谓和"避讳"》，《世界文化》2000年第1期。

② 胡涛：《论李贺科举之尴尬》，《济宁师专学报》1997年第4期。

代还制定了相关的法律，比如说秦国就严格禁止老百姓随便往街上乱倒烧柴的灰烬，乱倒者被抓到之后要被处以非常严酷的刑罚。从正向激励的角度看，在中国古代，重视保护环境，保护动物，有的时候会使相关行为主体受到极大的奖励，甚至有可能影响到他是否能够登上最高统治者的宝座。这里不妨跟大家分享一个故事，这个故事的主角叫作爱新觉罗·奕詝，他是清代道光皇帝的儿子，从理论上说，奕詝是有望继承道光当皇帝的，但是理想很丰满，现实往往很骨感！在现实生活中，他遇到了一个非常强劲的对手，就是他的六弟，爱新觉罗·奕䜣。虽然按照长幼顺序，似乎是应该由奕詝来接班当皇帝，因为他排行老四，而奕䜣排行老六，但是清代的皇位传承是并不讲究长幼顺序的，并没有所谓的"嫡长子继承"这个说法。比如，嘉庆皇帝就是乾隆皇帝的第15个儿子，那为什么奕詝后来能够顺利接班当上皇帝呢？这很可能与一次打猎有关。这次打猎从某种意义上是道光皇帝对他几个儿子的一次考核。在这次考试之前，道光皇帝给每一个参与考试的皇子都下了KPI，就是打一天猎，看谁能够打来更多的猎物，奕詝这个人还是有自知之明的，他知道，他的六弟奕䜣弓马娴熟，在这场比赛中，不用比他就先输了！于是他就求教他的师傅杜受田，这位杜师傅果然厉害，想了想，悄悄地如此这般地对奕䜣说了一番话，奕䜣听了点头称是，第二天打猎一开始，奕䜣驱动战马去射猎，而奕詝却一直停留在一个地方不动弹，等到晚上，汇报战果的时候，奕䜣带回了一大堆猎物，而奕詝却什么也没有。道光皇帝很奇怪，就问奕詝为什么什么猎物都没有打到。奕詝不慌不忙地说"时方春和，鸟兽孕育，不忍伤生，以干天和。且不想以弓马一技之长与诸兄弟争高低"，这番慈悲、谦恭的话语，一下子说到了道光皇帝的心坎上，所以道光皇帝就此下了决心，决定把皇位传给这位一点 KPI 指标也没有完成的爱新觉罗·奕詝。[①] 这位奕詝就是后来的咸丰皇帝，咸丰当皇帝可能并不一定够格，但是至少在当皇子的时候，却通过这番有关动物保护的言论而使自己能够得以登上皇帝宝座。由此可以看出，保护自然、保护动物是多么的重要！

科学研究和科学传播也都同样需要尊重自然规律，顺应自然规律，借助自然规律。在科学研究和科学传播的过程中，坚持尊重客观规律，有的时候可能不一定能够带来名利，甚至还可能存

[①] 张宏杰：《曾国藩传》，民主与建设出版社 2019 年版，第 55 页。

在着不确定的风险，尤其是这种坚持与主流话语层的意见相左的时候更是如此！像大家都很熟悉的欧洲中世纪的天文学家布鲁诺，之所以被活活烧死，其中很重要的一个原因就在于他与当时的主流话语层唱反调，摒弃"地心说"而主张"日心说"，结果死于宗教裁判所的火刑！清代有一个人姓靳名辅，在康熙一朝曾经受命担任专门负责黄河治理的河道总督，很多人都知道黄河乃是中华民族的母亲河，但是这条河却并不总是那么"和蔼可亲"，由于上游的水土流失，造成了黄河在中、下游河床不断被抬高，从"地下河"逐渐变成了"地上河"，有的地方甚至高出地面几尺甚至几丈，千百年间，黄河屡屡改道决口，每一次改道决口，都会使得两岸的老百姓饱受颠沛流离之苦，根据统计，仅在清代顺治年间，黄河就有15次大决口；而到了康熙初年，黄河决堤更是达到了惊人的67次。历朝历代的统治者一旦坐稳了江山，一般都把治理黄河作为自己的一个重要任务。在治理黄河的过程中，相关人员逐渐总结出来一些方法，这些方法我们可以称为"规律"，按照常理，治理黄河就应该而且必须遵循"规律"，但是，靳辅作为河道总督，还要面对一些官场的"游戏规则"，这些"游戏规则"我们不妨称其为"规矩"，这些

"规矩"用清代著名人士王闿运老先生的话说就是要"多叩头，少说话"，用老百姓的话说就是要与上级保持高度一致！这种"规矩"放在其他总督那里是可以的，但是，当河道总督的时候可能就会遇到问题，那就是因为黄河治理有其科学规律。这种关于水利的治理规律，历朝历代都总结了很多，比如说明朝的潘季驯就总结出了"筑堤束水，以水攻沙"的治理黄河方法，如果康熙皇帝也认同这种治河方法，那么，靳辅不会有什么苦恼，问题是康熙皇帝英明一世，不知道怎么就突然刚愎自用起来，主张通过开浚黄河下游故道来治理黄河。这样，摆在靳辅面前就有两条路，一条就是按照皇帝说的去做，即使失败了也没有什么风险；另外一条就是要尊重规律，而不是屈就于"规矩"，这样做有可能会把黄河的问题解决好，但靳辅却可能会被皇帝解决掉，思考再三，靳辅对于皇帝的意见提出了反对，这个时候一个名叫郭琇的御史出来弹劾靳辅，最终使得靳辅被撤销所有职务，而且还锒铛入狱。[①]初看起来，靳辅因为在"规律"与"规矩"二者之间

[①] 孙德全：《康熙时期"治河案"述论》，《牡丹江师范学院学报（哲学社会科学版）》2009年第1期。

选择了前者似乎有点亏，但有清一代那么多的官员，有几个人能像靳辅这样流芳千古呢？！所以，尊重自然、尊重规律从长久来看是正确的选择。

在科学研究界是如此，科学传播界也同样是如此。在科学传播过程中尊重自然、尊重规律，有的时候可能也要遇到相当大的反弹。在美国历史上，有两位女作家曾经以其作品掀起了轩然大波，一位是《汤姆叔叔的小屋》的作者斯陀夫人，她被当时的美国总统称为"写了一本书，酿成了一场大战的小妇人"，另一位是蕾切尔·卡逊，她的作品《寂静的春天》（Silent Spring）引发了美国以至于全世界的环境保护事业的开展。斯陀夫人我们这里就不多说了，蕾切尔·卡逊在撰写并出版《寂静的春天》（Silent Spring）这部作品时遇到的阻力那也是常人难以想象的，身为海洋生物学家的她原本是可以通过搞科学研究谋生的，即使是撰写科普作品，也可以写一些无关痛痒的东西，但她却"冒天下之大不韪"，对包括但不限于DDT制造公司在内的农药制造业巨头们为了一己私利不惜伤害老百姓健康的罪恶勾当进行了大胆揭露，为此，她受到了一系列的攻击，但她仍然坚持初心，直到去世。美国前副总统戈尔曾经说过这样一段话，如果没有《寂静的春天》这本书，环境运动也许会被延误很长时间，或许现在还没有开始！[①] 人们普遍认为，正是由于蕾切尔·卡逊对环境的关注和爱护的呼吁，最终导致了美国国家环境保护局的建立和"世界地球日"的设立。

[①] 刘本利：《从〈寂静的春天〉看蕾切尔·卡逊的生态环保思想》，《英语广场》2021年第24期。

第三章 斗转星移

第一节 "斗转星移"与一位喜欢穿奇装异服的先秦诸子有关的成语

"斗转星移"也是一个成语，它虽然出自元代马致远的元杂剧《陈抟高卧》"直睡的陵迁谷变，石烂松枯，斗转星移"，但是，其历史最早却可以追溯到先秦时代，具体一点说，它的出处与一位喜欢穿奇装异服的先秦诸子有关。看到这里，可能有的朋友忍不住就要吐槽了，什么？先秦诸子我们听说过，怎么会有喜欢穿奇装异服的？不可能是孔子，因为孔子他老人家一生特别讲究衣服端正，他在《论语·尧曰》中早就说过"君子正其衣冠，尊其瞻视，俨然人望而畏之"，有一次，孔子的得意弟子之一的子路穿着一件奇装异服去见孔子，结果被孔子劈头盖脸批了一顿，所以不可能是孔子，也不可能是老子和庄子。他们这两位老人家一生都主张清静无为，不可能在服装上动什么歪心思，也不可能是墨子，墨子他老人家与其有那个工夫穿奇装异服，还不如放在"非攻"上面。也不可能是孙子，这位老兄一心都扑在了军事学研究上，也不可能去研究穿什么奇装异服。那是谁？别猜了，提到这位，估计100个人里有95个甚至99个都不知道，有一个知道的，可能也是碰巧！此人名叫鹖冠子，鹖冠子其人，有人说他是楚国人，有人说他是古时候的賨国人。这个賨国是在今天四川一带的一个少数民族国家。巴山蜀水那个地方不仅有"庄生晓梦迷蝴蝶,望帝春心托杜鹃"的传说,不仅有当时著名的企业家寡妇清,其实还有在当时非常先进的文明,那就是三星堆文明。我们参观三星堆遗址博物馆的时候,常常会惊叹于当时的那种金属冶炼技术的发达和出土文物造型之奇特。但是不知道大家有没有注意到,那种造型奇特的出土文物,其实某种程度上往往都和当时的人们对于天文学的观察和思考有关。我们这里所说的这位特别喜欢穿奇装异服的鹖冠子就是一个特别有名的天文学家,当然了,他还是当时有名的思想家和哲学家。尽管唐代的柳宗元曾经写文章坚决主张鹖冠子这个人和《鹖冠子》这本书都是后人伪托的,但经过20世纪70年代在湖南长沙马王堆汉墓出土的相关文物证实鹖冠子这个人和《鹖冠子》这本书都是存在的,[1]尤其是《鹖冠子》这本书从某种意义上说,差不多就相当于先秦时代的一部小的"百科全书"。在这部当时的小型"百科全书"里面,提到了当时的各种科学知识,其中有一类就是天文学方面的知识。这本书中有这样几句话:"斗柄指东,天下皆春;斗柄指南,天下皆夏;斗柄指西,天下皆秋;斗柄指北,

---

[1] 刘蕊:《〈鹖冠子〉研究概述》,《潍坊学院学报》2014年第4期。

天下皆冬。"这实际上就是当时的人们观察在当时的中国这块土地上能够看到的北斗七星的每年四季的不同变化所得出来的一个观察结论。

我们都知道，"北斗七星"是由天枢、天璇、天玑、天权、玉衡、开阳、摇光等七颗星星组成的，因为这七颗星组成的画面就好像是古代舀酒的斗形，故称之为"北斗七星"。其中天枢、天璇、天玑、天权四星为魁，组成北斗七星的"斗"，而玉衡、开阳、摇光三星为"柄"。斗柄部分的几颗星，随着地球围绕太阳的公转，每年四季都要发生不同的变化，在春天的时候指向东方，到了夏季的时候，指向南方，到了秋天的时候，指向西方，到了冬天则指向北方，虽然可能更早的《甘石星经》就记录过"北斗七星"，但是，将"北斗七星"不同季节的变化与一年四季联系在一起，并且把它收录到"百科全书"式的《鹖冠子》当中，却确实是一件值得肯定的事，它为当时的农业生产和时间计量提供了一种具体可见的"仰望星空"式的参考。这段话经过元代著名杂剧家马致远的创造性运用，就衍生出了"斗转星移"这个词语并进入了中华成语宝库，并且留给今天的我们很多宝贵的启示。

第二节

实践出真知，生活中不是缺少美，而是缺少发现美的眼睛

新中国开国领袖毛泽东同志曾经提出过一个问题："人的正确思想是从哪里来的？是从天上掉下来的吗？不是，是人的头脑中固有的吗？也不是，人的正确思想只能从社会实践中来。"这话说得是非常有道理的，人们的所有真知灼见，无不来自自己的直接实践和他人的间接实践。

《论语·子路》篇中记载了这样一个故事，有一次，孔子的学生樊迟去问孔子，怎么样从事农业生产，孔子摇摇头说，"吾不如老农"——我不如种地的老农，樊迟紧接着又问老师，怎么样才能种好菜？孔子想了想，又摇了摇头说，"吾不如老圃"——我不如种菜的菜农。这个故事从一个侧面说明，在孔子的心目中，没有经过相应的实践，就不敢随意教导学生相关的知识。孔子被人们认为是无所不知的圣人，但是，他也同样认为，不经过实践就不可能出真知。当然了，人们的实践包罗万象，实践中接触的事物也形形色色，具体怎样才能从实践中发现真知呢？这是一个古往今来许多人都在寻找答案的问题，笔者认为，具体的方法有很多，但是说起来无非就是要"避免灵魂与肉体的分离，或者避免四肢与五官的分离"而已。这话是什么意思呢？就是要走眼、走心、走脑、走耳、走口。佛家讲人有"六根"，即眼、

耳、鼻、舌、身、意，这"六根"佛家本来是用来论证清净的，实际上要入世的话，也是需要这"六根"的。什么意思呢？就是要充分调动自己的五官和心灵。在观察事物或者与人打交道的过程中，要充分调动自己的双眼、双耳和嘴巴。要善于观察，善于倾听，善于发问，善于思考，不仅与事物打交道，观察事物的时候如此，与人打交道的时候，同样也是如此。

据说，有一次李鸿章向曾国藩推荐了三个人，曾国藩经过一番仔细观察之后，告诉李鸿章说，你推荐过来的三个人，只有第三个人将来能够成就一番大的事业，李鸿章觉得曾国藩说得未免有点神秘，忙问是怎么得出这样的结论的，曾国藩回答说，经过我的观察以及与他们进行的交谈，发现前面两个人第一个人与我谈话时低眉敛目，不敢与我直视，问一句答一句，可见老实忠厚有余而魄力不够，这个人充其量只能交给他后勤工作；第二个人与我交谈时看似恭敬，但说话时却时不时东张西望，而且回话圆滑，献媚投机，这样的人实不能重用；只有第三个年轻人与我交谈时目光凛然，话虽不多，但却颇有主见，即便与我意见不一致，也不卑不亢，这样的人才是大将之才啊！① 后来的结果证明曾国藩果然有"识人之明"，第三个人就是后来率领军队收复祖国宝岛台湾的著名将领刘铭传。曾国藩之所以能够识刘铭传于微末之时，就是因为他在长期与人打交道的过程中积累下了一番观察人的"看人八诀"，并且将其与实践相互验证。

在科学研究和科学传播过程中，同样需要充分调动自己的眼、耳、鼻、舌、身、意，同时还要将观察询问得来的东西，经过相关的思考，变成自己的科学研究成果，或者科学发现，并且将其传播出去，这才能够形成一个完整的科学链条。这方面的故事也是有很多的，白居易的诗在唐代就已经非常有名，他有两句诗叫"人间四月芳菲尽，山寺桃花始盛开"。人们看了这两句诗，一般大约都是觉得写得很美，再高一点层次的人可能会探讨一下这两句诗美在何处，而宋代的沈括却在观察现实生活的事物中，透过这两句诗，看出其中隐含的相关科学道理，在《梦溪笔谈》的《采草药》这篇文章中，他写下了这样的话，"缘土气有早晚，天时有愆伏。如平地三月花者，深山中则四月花。白乐天

---

① 佟雨航：《曾国藩细节识人》，《创新作文（初中版）》2019年第1期。

《游大林寺诗》云：'人间四月芳菲尽，山寺桃花始盛开。'盖常理也，此地势高下之不同也"。所以最后他得出来一个结论，就是"一亩之稼，则粪溉者先芽，一丘之禾，则后种者晚实，此人力之不同也。岂可一切拘以定月哉"。这段话用今天的话加以表述的话就是要根据不同海拔，不同的气候来开展相应的农业生产。同样的道理，北斗七星很多人可能都看过，但是看过之后，可能也就是顶多将其当成自己导航的工具，而没有将其与四季的变化联系在一起。而鹖冠子这位老兄却在前人观测的基础上，将北斗七星中斗柄三星在不同季节的变化与不同的季节联系在一起，进而联系到了人间四季的变化，这实际上就是通过自己的观察和思考，将看起来似乎没有关联的事物联系在一起，最后得出了一个具有科学研究性质的结论，这样的做法至少在中国古代是并不多见的，值得充分肯定。

我们生活的这个世界确实是处在不断变化的过程中的，但是很多人往往只关注到变化的结果，而往往忽略掉了变化的过程。换言之，就是只看到了"质变"，而没有看到"量变"。佛教有一部经典，叫作《百喻经》，《百喻经》中记载了一个"痴汉吃饼"的故事，故事说的是有一个头脑不太灵光的痴汉，有一次吃饭的时候吃到第六张半饼的时候，觉得自己吃饱了，于是就大发感慨，对身边的人说，"后悔，真是后悔啊！"别人问他为什么这么后悔，他说，"要是早知道吃了这半张饼就能吃饱？那我干嘛还要吃前面的那六张啊？"这当然是个笑话，这个故事中的那个痴汉之所以可笑，就是在于他忽略了前边那六张饼对于他填饱肚子的一个基础性作用。换句话说，他只看到了作为"质变"的那半张饼，而忽略了促成"质变"的前六张饼构成的"量变"过程。千万不要以为这样的痴汉只有在古代的天竺国才有，在中国古代也是有类似的故事记载的，民俗学家王利器先生编撰的《中国古代笑话集》里边就记载了这样一则故事。故事说，两个游手好闲的年轻人有一次聚在一起聊天，其中的甲问乙怎样才能够整天吃喝玩乐不犯愁，乙回答甲说，我觉得最好的办法就是去读书。甲问，为什么要读书？乙说，读了书，如果你考中举人，你和你的家人就可以免交赋税，而一旦考中进士，你还可以当官。俗话说，三年清知府，10万雪花银。所以，你要想吃喝玩乐不犯愁，还是赶紧去读书。甲听了乙的话，想了一下掉头就跑。乙见状起身猛追，边追边问，你这么着急，难道是赶着回去读书吗？甲回答说，不是，我是要赶紧把我爹送到学堂里去读书。乙问，为什么要把你爹送到学堂里去读书？甲回答说，我要让我爹好好读书，争取考中举人，这样我们全家就可以免税了，然后再让他考中进士，这样我就可以成为衙内，我就可以吃喝玩乐不犯愁了！这当然也是一个笑话。不过，这个笑话其实隐含了很多人的一种很微妙的心理，那就是只想享受结果而忽略了过程！殊不知，任何好的结果都是由一连串艰苦努力的过程构成的，俗话说，不经三九严寒苦，哪得梅花百日香！有鉴于此，我们的老祖宗们才语重心长地教导我们，"千里之行，始于足下，不积跬步，无以至千里，不积小流，无以成江海！"这些出自不同文献的不同表述，其实都是想要说明一个道理，那就是既要看到世界的变化，同时也要重视构成或者支撑质变的量变及其过程。

第三节

要充分认识到世界是不断变化的，任何变化都有一个从量变到质变的过程，对量变和质变都要同样加以关注，尤其不能忽视量变

扁鹊是先秦时代著名的医生。我们前面提到的那部先秦典籍《鹖冠子·世贤第十六》里边记载过这样一个故事，说的是有一次有人问扁鹊是不是当时最好的医生，他回答说，不是。那个人感到很奇怪，就说您太谦虚了。扁鹊回答说：这并不是谦虚，而实在是因为还有比我更好的医生。见那个人感到不解，扁鹊就接着说："比如说我的二哥，他的医术就比我高明得多，我是在别人得了大病、重病的时候才对病人进行救治的，在我救治病人的过程中，病人实际上已经忍受了很长时间或者很大的痛苦，而我的二哥却在病人只是患小病和轻病的时候就出手诊治，他能够意识到那些病人得的小病和轻病，如果不加以及时治疗，就有可能发展成重病和大病，所以他比我高明！"扁鹊的这番话，用今天的话语体系加以表述的话，就是他认为他二哥认识到了从轻病、小病到重病、大病这样一个从量变到质变的过程，扁鹊接着又说道，"与我的二哥相比，我大哥更厉害，因为我大哥给病人治的都是'未病'，就是还没有发生的病，我大哥能够敏锐地发现病潜藏在人的身体内部，在病情发作前就设法将病根予以铲除，所以，与我二哥相比我大哥更厉害！我之所以有一些薄名，实在是

因为来我这里的病人都已经到了非治不可的程度了，所以我治的大病和重病，和我二哥治的小病和轻病以及我大哥治的'未病'相比，实在是微不足道！"扁鹊的话可能有自谦的成分在里边，但是也从一个侧面说明了在医疗救治的过程中，重视量变的重要性，因为任何大病和重病都是有一个过程的。从这个意义上说，传统的那句俗语"得病如山倒，去病如抽丝"，实际上是并不完全准确的，"去病如抽丝"是对的，"得病如山倒"却并不十分准确，因为"山倒"只是一个结果，从未"倒"到"倒"也有一个过程，这个过程往往也会有很长的时间段，医生也好，病人也好，如果够高明，眼光够敏锐的话，就应该能够及时发现人体内部是不是存在患上某种疾病的危险，从而将其扼杀在萌芽状态。

医学领域是如此，其他领域也同样是如此，2023年有一款名为ChatGPT的人工智能高端产品，先是在美国走红，然后在整个西方世界走红，甚至波及中国。很多人都对这款高端人工智能类产品报以非常艳羡和惊叹的目光，认为这个东西简直是横空出世。的确，这款高端人工智能产品，虽然以"Chat"也就是"聊天"作为卖点，但实际上它却并不仅仅只是具有聊天的功能。如果用一句话来概括它的功能，那么，"有求必应"可能比较恰如其分。除了可以与人聊天以外，它还可以帮人干很多人类能做的其他事情，比如说帮你查找资料，帮你答题，帮你撰写毕业论文，帮你设计图纸，帮你进行短视频创意，等等。很多人往往只看到了ChatGPT非常强大的这种人工智能能力，而往往忽视了在这些强大的功能背后还隐藏着的一些东西，这些东西包括但不限于一个近千人的由各个相关领域的相关精英构成的科研团队，由世界顶级五百强企业之一的"金主"提供的数十亿甚至上百亿美元的科研经费支撑，有包括但不限于英语、汉语等在内的上万亿语料库的精心反复"喂养"，正是因为有了这些，才有了ChatGPT的有求必应。[1]ChatGPT的这个研发过程，实际上也从一个侧面告诉我们，不能仅仅重视质变，而忽视了量变，要重视那些成功产品或者成功技术背后潜伏着的大量的人力、物力、财力的投入。

科学研究领域是如此，科学传播领域也同样是如此。很多人

---

[1] 张志君：《机喻文化：ChatGPT引发的相关思考及对策建议》，《教育传媒研究》2023年第3期。

都读过刘慈欣先生撰写的《超新星纪元》《球状闪电》《三体》等一系列科幻作品，看到的他那种"上穷碧落下黄泉"式的淋漓酣畅的科学幻想，但是却往很少有人注意到，刘慈欣原本是一个学电力出身的工程师，并没有受过系统的写作训练。他是如何从一个电力工程师变成畅销书科幻作家，而且获得世界范围的科幻领域的最高奖的？据相关资料显示，至少在相当长的一段时间里，刘慈欣不仅写作的时候是"提心吊胆"的，因为担心被冠以"不务正业"的罪名丢掉发电厂工程师的饭碗，而且写作的初期是"屡战屡败"的，他的第一部作品早在20世纪80年代就已经创作完成，但却被屡屡退稿，直到世纪之交的1999年才在《科幻世界》上第一次正式发表自己的作品《鲸歌》。[1] 倘若没有长达十几年的积累，刘慈欣是否能够创作出《三体》还真的不好说。刘慈欣在接受媒体采访时曾经说过，"科幻对我来说，更像一个广场，来到这个地方的人是通过不同的路来的，有的通过文学这条路来的，有的通过科学这条路来的，我是通过科幻这条路

---

[1] 须叔：《刘慈欣〈三体〉从小众科幻走向大众改编成电影作者成监制》，《北京日报》2015年4月3日。

来的"。在这条路上，刘慈欣不断积累自己，最后终于守得云开雾散！

第四章
寻章摘句

第一节 "寻章摘句"背后的"高级黑"故事

"寻章摘句"也是一个成语，它的意思是指过去的读书人从书本中搜寻摘抄片段语句，在写作时套用。这个成语可不简单，后面还有很多故事，可以用"书里边套着书""故事里边套着故事"来加以概括。

这是怎么一回事呢？我们先来看一下"书里边套着书"，所谓"书里边套着书"是指这个成语一般的成语词典上说它出自陈寿的《三国志·吴书·孙权传》，但如果认真去查阅一下陈寿的《三国志·吴书·孙权传》正文里边却并没有相关记载。要找到它还必须找到另外一本书那就是南北朝"史学三裴"之一的裴松之做的《三国志注》，裴松之在给《三国志·吴书·孙权传》中"遣都尉赵咨使魏"所作的注中提到了"寻章摘句"这个成语，原文是这样的："（孙权）志存经略，虽有余闲，博览书传历史，藉采奇异，不效书生寻章摘句而已"。这个成语讲的是这样一个故事，故事说的是有一年，孙权派一个名叫赵咨的都尉前往魏国出访，当时的曹魏统治者魏文帝曹丕用戏谑的语气问赵咨，你们的君主孙权是个什么样的人啊？他是不是也喜欢写文章？赵咨回答说我家大王文韬武略，上马治军，下马管民，整天忙于军国大事，即使是稍微有一点时间也是博览群书，学习其中独特的方法，绝不像那些读书人整天钻在故纸堆里边注意文字的推求，而忽略大的内容和思想！① 听了赵咨的这番话，东吴使团的成员不由得暗暗叫好，而曹魏帝国当时在场的官员却都为赵咨捏了一把汗。为什么赵咨说了这样一番话周围的人要为他捏一把汗呢？因为赵咨说的这番话用今天的话语加以表述的话，那是一种"高级黑"的行为，只不过这个"高级黑"黑的不是他的主公孙权，而是魏文帝曹丕。这又是怎么一回事呢？要回答这个问题就涉及另外一个故事，那就是曹丕夺嫡的故事。熟悉那段历史的朋友想必都知道，曹丕只是曹操的众多儿子中的一个，假如不发生一些突然情况他是不可能成为曹操的接班人的。因为曹操最早中意的儿子有两个，一个是长子曹昂，还有一个是小儿子曹冲。只是因为曹操这个人特别喜欢四处拈花惹草，有一次打下了南阳之后，他竟然把南阳守将杀了，而把他的妻子占为己有，此举惹恼了南阳守将的侄子张绣，这位张绣可谓是"冲冠一怒为红颜"，有一天晚上，趁着曹操在房中"胡天海地"的时候，突然率领手下发

---

① 罗贯中：《赵咨使魏》，《快乐语文》2020 年第 16 期。

动兵变，曹操的儿子曹昂为了救老爸被乱兵所杀。曹昂死了之后，曹操非常悲痛，又把选择接班人的目光锁定在曹冲身上。曹冲这个人很多人可能不一定很了解，但是估计大都会听说过"曹冲称象"的故事。其实曹冲的能力并不仅仅在于有"转换性思维"，而且为人还非常宽厚，经常帮曹操犯错误的手下向曹操求情，赢得了很多人的爱戴，但是，这个曹冲13岁的时候就不幸去世了！曹冲去世以后，曹操在悲痛之余，曾经对曹丕说了一句话，说曹冲之死是我之不幸，乃是你之大幸！[①]曹冲去世之后？能够和曹丕竞争接班人位置的就剩下曹植了。曹植这个人是非常有名的才子。南北朝时期的谢灵运眼高于顶，唯独佩服曹植，而且曹植不仅有文才，还特别善于揣摩曹操的心意，搞得曹丕非常被动。好在曹丕手下有高人给他出了一个主意，让他不与曹植比拼文才，而是比拼孝道，每次曹操出征的时候。曹植都写非常华丽的辞章为老爸壮行，而曹丕则只是跪在曹操的面前，抱着老爸的双腿垂泪，不忍父亲离去。久而久之，曹操最后选定了曹丕作

---

① 王永平:《曹操立嗣问题考述——从一个侧面看曹操与世族的斗争》,《扬州大学学报（人文社会科学版）》2001年第3期。

为接班人。登上帝王宝座之后，曹丕对于曹植这个曾经的竞争对手是百般刁难，大家都耳熟能详的"七步诗"就是这方面一个真实的反映。本着"缺什么补什么"的心理，曹丕也想在别人的眼中树立自己非常有文采的形象，所以他多次写文章称"文章者，经国之大业也，不朽之盛事"，为了拉拢当时的文化名流，他甚至还曾经在"建安七子"之一的王粲坟前学驴叫，因为据说王粲生前特别喜欢听驴叫。[1] 诸如此类的举动，初看起来似乎有些不可理解，但其实都有一个深层的内在逻辑，那就是曹丕要把自己包装成一个非常有文化的君主。因此，赵咨对曹丕说的这段话，实际上就是暗暗讽刺说，我们的大王孙权，不像你那样没有文采也硬要装！但由于没有一个字提到曹丕，所以曹丕听了虽然心里边可能不舒服，但至少表面上不能发作，这也是古人所说的"皮里阳秋"笔法的功效吧。

[1] 王克强：《驴鸣文化的深层意蕴探析》，《语文教学通讯》2017年Z1期。

第二节 "寻章摘句"乃是进行知识传播过程中的相关行为主体应共同遵守的行为范式

在长期的社会实践中人类社会积累了各种各样有关知识生产与传播的行为范式,这些范式为开展科学研究和科学传播的人们提供了一个根本的遵循。如果你是一般的人,就都应该遵守这样的行为范式。当然,如果你不是一般的人,那也可以例外。前提是你自身得行,还得有人说你行,说你行的人自身还要行。

据相关史料记载,北宋时期有一次进士考试时有一位考生写了一篇题为《刑赏忠厚之至论》的文章。当时这篇文章里边有一段话是这样说的,"当尧之时,皋陶为士。将杀人,皋陶曰'杀之'三,尧曰'宥之'三。故天下畏皋陶执法之坚,而乐尧用刑之宽。"对于这段话中所说的相关内容当时参加阅卷的考官梅尧臣觉得有些吃不准,于是就把这篇文章拿给另外一位主考官看,那位主考官看了之后觉得写得很好,于是就毅然决然地将这篇文章的作者选为榜眼,就是进士考试的第二名。[1]熟悉先秦典籍的朋友想必都知道,这篇文章里边提到的尧与皋陶对话的这个典故,其实并不是"寻章摘句"的结果,因为这根本就是那名考生

---

[1] 王基伦:《苏轼对史事本意的追求——从〈省试刑赏忠厚之至论〉谈起》,《长江学术》2007年第1期。

自己"自我作古"编造出来的。那问题就来了，为什么没有依靠"寻章摘句"这名考生还能通过考试？答案是因为这个文章的作者本身很"行"，此人姓苏，名轼，很多年以后，他还有另外一个名字，叫作"苏东坡"，说他行的这个人本身也行，因为那位主考官是欧阳修，乃是当时的文坛盟主。所以，假如说您没有苏东坡那样的本事，没有遇到欧阳修那样的幸运，那您还是要遵守相关的"寻章摘句"这样的科学传播或者科学研究的行为范式的。否则的话，你很可能就会被别人所唾弃。

我们看到，在中国历史上有很多关于"寻章摘句"的记载。在中国传统文化中，"寻章摘句"一是为了编撰相关的"类书"，也就是后来的工具书。因为工具书往往都是"寻章摘句"的结果，也有助于保存一些后来失传的典籍。我们今天看到的一些已经失传的典籍有很多是被保存在被"寻章摘句"后的相关类书或者丛书里边的。除此之外，"寻章摘句"还有助于人们进行知识的再生产和再传播。去过南昌旅游的朋友，想必都去过滕王阁。这座楼阁始建于唐永徽四年（公元653年），因唐太宗李世民之弟——滕王李元婴始建而得名，这个楼阁原本在江南并不是非常出名，只是因为一个人写了一篇题为《滕王阁序》的文章，却使其名列江南四大名楼之列，这个人就是王勃。王勃写的这篇文章还是属于骈体文，其中最有名的就是"落霞与孤鹜齐飞，秋水共长天一色"那两句。这两句别人都说好，殊不知这两句诗是源自作者"寻章摘句"的结果。具体点说，这两句诗是王勃在"寻章摘句"时看到了南北朝时期南朝的一个著名文人虞信写的一篇题为《马射赋》的文章里边的两句话，"落花与芝盖同飞，杨柳共春旗一色"——很多人都认为王勃的"落霞与孤鹜齐飞，秋水共苍天一色"，是从虞信写的《马射赋》这篇文章中的这两句话化用而来的。[①]

科学研究也同样需要下一番"寻章摘句"的功夫。我们前面提到的ChatGPT之所以火爆，从某种意义上也是主创团队"寻章摘句"的结果。我们都知道，这款高端人工智能产品是由美国人工智能公司开发的，它之所以能够获得这么大的影响，除了它强悍的团队支撑和强大的算力之外，很重要的一点在于其雇佣了无数人或者用机器的方式寻找了上千亿篇文章，摘抄了上万亿句语料，不断进行"寻章摘句"对其进行"喂养"的结果。

---

① 许秋实：《庾信，唐代诗坛的启蒙老师》，新华社客户端2019年6月21日。

其实，岂止是科学研究，科学传播又何尝不是如此？我们很多人可能都读过《十万个为什么》，或者《小灵通漫游未来》，这两本书的作者都是一个人，就是上海著名作家叶永烈。据相关史料记载，叶永烈先生有一个习惯，他"总是拎着一个饭盒一样大的红灯牌录音机，随身携带相机纸笔，就像随时准备着要记录什么"。[①] 他之所以能够在 20 岁左右的时候就写出《十万个为什么》，从某种意义上说，也是不断地"寻章摘句"并在此基础上进行再创作的结果。

---

① 施晨露：《6月1日，送别作家叶永烈，每张座位上都系着红领巾》，《上观新闻》2020 年 6 月 1 日。

第三节

"寻章摘句"只是手段,而非目的,不能仅仅停留在所寻之章、所摘之句上,而应对所寻之章、所摘之句进行创新性转换和创造性发展

《二十四史》之一的《南史》记载了一个"两脚书橱"的故事,故事的主人公叫作陆澄,乃是南北朝时候刘宋帝国的藏书家,此人号称博览群书,所读的书非常之多,据说"行坐眠食,手不释卷"——连吃饭、睡觉的时候都捧着书读,对于所读之书,都进行了认真摘录,摘录下来的句子有很多。但是这个人有一个毛病,就是只会死读书,不会对所读之书进行再创造,再生产,《南史陆澄传》中说他"读《易》三年不解文义,欲撰宋书竟不成"。所以当时有一个和他同时代的人名叫王俭的,就给陆澄起了一个外号,叫作"两脚书橱"。"两脚书橱"虽然只有短短四个字,但却寓意非常复杂,从积极的一面说,是对陆澄读书多的肯定,但倘若从消极的一面说,又何尝不是对陆澄的一种讽刺?在担任御史中丞时,同朝为官的骠骑谘议沈宪的家里人横行不法,负有监察职责的陆澄却对此视而不见,因此受到了时任御史左丞的弹劾,陆澄上书给皇帝进行辩解,竟然说什么自古文献典籍中就没有御史左丞可以弹劾御史中丞的,一时被传为笑谈。

我们都知道,在知识面前考验人的相关能力的时候,除了阅读力和记忆力之外,其实有的时候更多的还是要考察或检验人的创新力和创造力,也就是考核或检验其对于前人留下来的相关知

识进行创新性转换和创造性发展的能力。平心而论，能够进入相关行为主体所寻之"章"所摘之"句"视野的，从某种意义上说，至少都是那个时代比较站得住脚的作品，甚至是经典，这一点是毋庸讳言也不必讳言的。但是，就像山珍海味很可口，但是吃多了也会倒胃口一样，如果只是一味重复引用前人的经典，就有可能会导致传播对象的审美疲劳，或者用清代非常有名的一位学者赵翼的话说，"李杜诗篇万古传，至今已觉不新鲜，江山代有才人出，各领风骚数百年。"或者用焦裕禄的话说，就是"吃别人嚼过的馍没有味道"。

事实上也的确是如此，魏晋南北朝时期的骈体文写得非常华丽，如果唐代的人只是停留在对魏晋南北朝时的骈体文的"寻章摘句"上，那就不可能有壮阔的唐诗，唐诗言简意赅，往往短短几十个字就能够写景、言情、明志。如果宋代的人仅仅停留在对唐诗的"寻章摘句"上，就不可能有瑰丽的宋词。同样的道理，元代的人，如果仅仅停留在对宋词的"寻章摘句"上，就不可能有汪洋恣肆的元曲。明代的人，如果仅仅停留在对唐诗、宋词、元曲的"寻章摘句"上，就不可能有写尽世间百态的小说。

文学创作是如此，科学研究和科学传播又何尝不是如此？爱因斯坦是公认的 20 世纪最伟大的科学家之一，他曾经以一种比喻的方式说出一个判断，那就是"上帝从不掷骰子"。言外之意就是，我们所生活的这个世界都是有很严密的规律在里边的。如果后来的科学家仅仅停留在对爱因斯坦相关论述的寻章摘句上，那就不可能有后来的量子力学，而事实上，来自法国、美国和奥地利的三位科学家阿斯派科特、克劳瑟和蔡林格，正是在不拘泥于对前人的"寻章摘句"的科学研究基础上，凭借对于量子光学和原子物理方面的实验研究工作，尤其是在验证贝尔不等式方面先驱性的工作而获得 2022 年度的诺贝尔物理学奖。[①]

科学传播其实也是如此，如果仅仅停留在对相关科学研究成果的"寻章摘句"，那充其量也只是跟在相关的科学研究文章后面亦步亦趋，而不能达到向社会公众进行科学普及的目的。所以，好的科学传播肯定都是在认真地对所要传播的科学知识进行认真地"寻章摘句"的基础之上，然后进行自己的创新性转换和创造性发展。法国著名科幻作家儒勒·凡尔纳（Jules·Gabriel·

---

① 苏洪轶、陈景灵：《贝尔不等式——2022 年度诺贝尔物理学奖解读》，《科学通报》2022 年第 36 期。

Verne)一生创作了大量的科学幻想作品,其中许多如《海底两万里》《神秘岛》以及《气球上的五星期》《地心游记》等都是很多人耳熟能详的,并非"科班"出身的他之所以能够写出那么多脍炙人口的科幻作品,其中很重要的一个原因是他对于科学的态度是严肃认真的,每次写作之前他总是尽可能地在科学的基础上进行创作新性转换和创造性发展。据相关史料记载,为了创作从地球飞行到月球的故事,凡尔纳曾经事先非常认真地研究过包括但不限于空气动力、飞行速度、太空中的失重以及物体溅落等科技问题,正是基于此,他的科幻作品常常被誉为科学的预言。

第五章
础润而雨

第一节 "础润而雨"出自一篇"碰瓷"文章的成语

和"日晕而风"一样,"础润而雨"乃是一个成语。这个成语的历史,虽然最早可以追溯到西汉时代的《淮南子·说林训》,但是它后来的广为人知还是源于一个不近人情的人撰写的一篇不近人情的"碰瓷"文章。这里所说的不近人情的人名叫苏洵,他撰写的那篇"碰瓷"文章叫作《辨奸论》。苏洵其人,在很多人的心目中应该是一个非常正面的形象,很多人都很熟悉的传统启蒙读物《三字经》中提到的"苏老泉,二十七,始发愤,读书籍"中的"苏老泉"指的就是他,这个人虽然自己并没有考中进士,但是他却培养出来两个特别聪明的同一年考中进士的儿子。他的这两个儿子,一个名叫苏轼,一个名叫苏辙,因此,这个人一向是给人留下非常正面的印象的,那为什么说他是一个"不近人情的人"呢?这可能就要从他那篇文章《辨奸论》说起,"辨奸论"中的"奸"在中国古代作为与"正人君子"相对的一个词,一向是处于传统文人鄙视链的最底端的。一个人一旦被打上"奸佞"的烙印,那简直会让他生不如死,用今天的话说,那就是使其陷入了"社会性死亡"(社死)这样一个境地。那么,《辨奸论》这篇文章中的"奸"指的是谁呢?这位被苏洵骂为"奸佞"的人就是王安石。王安石其人乃是北宋时的一位著名政治家、思想家、文学家，他其实和苏洵本人并没有多少交集，那为什么苏洵会专门写一篇文章来骂王安石呢，而且我们为什么说苏洵写这篇文章非常不近人情呢？要回答这个问题，还得从这篇文章的写作时间说起：原来《辨奸论》这篇文章写作的时间，恰逢王安石的母亲刚刚去世后的第四天。[1] 按照中国古代的公序良俗，死者为尊，即使是不共戴天的仇人去世之后，敌对的一方如有可能往往也会委派专人前来慰问，甚至会亲自前来吊唁，传统戏曲中有一出戏叫作《诸葛亮吊孝》，说的就是与当时的刘备集团相敌对的东吴集团的重要将领周瑜去世之后，作为敌对一方的诸葛亮亲自前往吊孝的事。而苏洵却在王安石的母亲刚刚去世的第四天，当别人都前往王安石的家里吊唁慰问的时候，他不但没有前去吊唁，反倒写出了一篇对王安石大加指责，甚至进行赤裸裸的人身攻击的文章，这确实是有点不近人情了！世界

---

[1] 杨胜宽：《论苏洵的"人情"观及苏、王关系》，《西华大学学报(哲学社会科学版)》2009年第3期。

上没有无缘无故的恨，苏洵为什么会对王安石如此不近人情地进行人身攻击呢？这是一个非常有意思的问题。要回答这个问题，还得从一次家庭聚会说起，话说苏洵带着他的两个儿子进京赶考，因为两个儿子考得很好，苏洵虽然没有考中，但也因为几篇文章而受到世人的瞩目，当时的文坛盟主欧阳修搞家庭聚会时就邀请苏洵参加，这本是一件好事，欧阳修的府上举行这种集会，应当是"谈笑皆鸿儒"的，那次聚会时王安石也应邀到场，欧阳修把苏洵介绍给王安石的时候，后者并没有对苏洵表示过多的关注，这就让心灵非常脆弱而且高傲的苏洵那颗"玻璃心"都碎了，按道理说，当时的王安石已经名满天下了，而苏洵还是一个布衣之身，王安石按照自己的一贯行事风格，对苏洵只是点点头，并没有什么多的言语其实也并不过分，但这很可能就埋下了苏洵后来对王安石进行人身攻击的伏笔。① 为什么这么说呢？因为苏洵其人，一向是自视甚高的，他可能会觉得，你王安石有什

---

① 杨胜宽：《论苏洵的"人情"观及苏、王关系》，《西华大学学报（哲学社会科学版）》2009年第3期。

么了不起，你的儿子可不如我的儿子，你的文章皇帝喜欢，我的文章皇帝也赞不绝口，凭什么你不对我毕恭毕敬？！今天你对我爱答不理，明天我让你高攀不起！正是可能基于包括但不限于上述这样的原因，所以，苏洵才在王安石的老母亲刚刚去世四天的时候，就不近人情地写下了这篇文章，在这篇文章中他对王安石可谓极尽侮辱谩骂之能事，比如说王安石"衣臣虏之衣，食犬彘之食，囚首丧面，而谈诗书"，我们都知道，尽管政见不同，但是中国古人一向讲究"君子绝交，不出恶言"的。何况王安石并没有和苏洵绝交，但是苏洵却主动挑事，这种挑事行为从某种意义上说相当于"碰瓷"行为：就是后起之秀通过批评谩骂前辈而博眼球！所以，当时的人们"见之者，多不谓然"。① 从某种意义上说，苏洵的这篇文章也是一篇"碰瓷"的文章！正是因为这篇文章和苏洵以往所写的很多文章有很大的不同，而且，所"碰瓷"的又是当时赫赫有名的王安石，所以这篇文章在当时就流传

---

① 张方平：《文安先生墓表》，转引自曾枣庄、金成礼：《嘉祐集笺注·附录一》，上海古籍出版社1993年版。

甚广，连带着这篇文章里提到的"础润而雨""日晕而风"就变成了两个广为流传的成语，至今仍然为人们所广泛使用。

第二节 世界是普遍联系的，没有联系就没有世界

"础润而雨"意为透过观察柱子的基石是否润湿，就能发现下雨的征候。这个成语告诉我们，世界从来都不是孤立存在的，而是相互联系的。不妨通过几个相关故事来做说明。读过《三国演义》的朋友想必都还记得其中的"诸葛亮借东风"的故事，由于罗贯中老先生神奇妙笔的渲染，这个故事给很多人留下了非常深刻的印象。究竟应该怎么看"诸葛亮借东风"这件事？将其原封不动地"照单全收"固然不对，但将其不加思考地予以全盘否定可能也不可取。我们不妨先提出两个问题，一个是在赤壁之战时究竟有没有东风？第二个问题是这场东风是怎么来的？我想第一个问题的答案当然是肯定的，因为如果没有刮起比较大的东风，就不可能有"周瑜打黄盖"之后，黄盖假装投降曹操，最后驾着小火船火烧曹军大量战船的真实历史发生。紧接着就是第二个问题，那就是这场东风究竟是怎么来的，可不可以这样理解，那就是诸葛亮本身具有当时很多人还不具备的天文气象学知识，就是俗话所说的"上知天文，下知地理"，然后，他通过对这些丰富的天文气象学知识的运用，预测出在特定的时间可能会刮一场大风，这场大风风向是从东南刮向西北的，这样说初看起来似乎有些神乎其神，但也并非凭空臆测，《三国志·魏书》中就记

载了一个诸葛亮的同时代人管辂借助自己丰富的天文气象学知识预测什么时候刮风什么时候下雨的故事，这段话原文是这样的"（管辂）后得休，过清河倪太守。时天旱，倪问辂雨期，辂曰：'今夕当雨。'是日旸燥，昼无形似，府丞及令在坐，咸谓不然。到鼓一中，星月皆没，风云并起，竟成快雨。"[1]——这段话翻译成现代汉语大意是这样的"有一次，管辂休假去拜访一位姓倪的清河太守，正赶上天旱，倪太守就问管辂什么时候能下雨，管辂回答说，今晚就会下雨。这一天阳光很强，天气晴朗，太守府里的人都认为管辂是在胡说八道，但是到了晚上却乌云漫天，遮蔽星星和月亮，不久就下起雨来。"管辂能够做到预测什么时候刮风什么时候下雨，并且被记录到作为正史的《三国志·魏书》之中，诸葛亮应该也不难做到！如果我们承认这个思路是对的，那么就可以理解那个"东风"从某种意义上确实是诸葛亮事先预测出来的，只不过这个预测，他换了一种表述方式叫作"借"，这里所说的"借"实际上是诸葛亮想要借助这场被他提前预测到的东风来达到两个"只可意会，不可言传"的目的，诸

---

[1] 陈寿：《三国志·魏书·方技传·管辂传》，百花文艺出版社2016年版。

葛亮想要达到的第一个目的是想借助这场已经被提前预测到的"东风"进一步提升自己的影响力。在科学技术并不发达的当时，倘若能够具有与"超自然的主体"相沟通，并且号称能够从"超自然的主体"那里得到启示甚至帮助，那绝对不是随便什么人都能够做到的，这样的人在古印度叫作"婆罗门"，在西方叫作"神父"，都是非常受尊敬的存在！诸葛亮想要达到的第二个目的是想通过提升自己的影响力来进一步增强刘备集团与孙权集团的团结。这话是什么意思呢？要理解这句话首先就要引入另外一句话，这句话叫作"国之大事，在祀与戎"。这话很多人初看起来可能觉得并不好理解：加强国防能力建设（"戎"）没有什么不对，可"祭祀"（"祀"）有什么用呢？其实，在科学技术尚不发达的古代，面对众多的外部不确定性，中国古人特别重视本族内部的"集体认同感"，而祭祀则可以不断暗示并且进而不断增强这种我们都拥有共同的祭祀对象的"集体认同感"。《三国演义》中诸葛亮登台做法，从某种意义上说就是一种祭祀活动，这个举动实际上是想要进一步增强原本并不是走得很近的刘备集团与孙权集团成员对于这个新的"命运共同体"的认同感。除了这一层含义之外，诸葛亮登台做法其实还有一层含义，那就是借此向孙权集团的成员展示刘备集团虽然在"人"的世界，论起实力来可能暂时不如孙权集团，但在"神"的世界却是要胜孙权集团一筹的，从而将刘备集团提升到与孙权集团同等的层次，这样就为二者下一步的合作奠定坚实的基础。如果我们这种理解是正确的，那么我们其实就可以从一个比较新颖的角度理解，就是在赤壁之战发生时，"东风"确实是存在的。这个"东风"是诸葛亮运用了"世界是普遍联系的"原理，充分调动了他以前所掌握的天文、气象、地理学知识，并且加以妥善运用并进行了相关预测的结果。

中医是中国传统医学，尽管此前人们对其曾经有过一些误解，但近些年来已经越来越被承认是一门科学。中医与西医二者之间最大的不同就在于后者只是将人看作是一个一个零件构成的"拼装体"，而中医则是将人看成是一个由各个器官有机组成彼此紧密联系的整体。有人说，西医治病往往是头痛医头，脚痛医脚，而中医则讲究辨证施治。辨证施治实际上就是从科学研究和科学实践的角度将客观对象视为一个整体。《三国演义》第43回"诸葛亮舌战群儒，鲁子敬力排众议"记载过一段诸葛亮说过的话，这段话原文是"譬如人染沉疴，当先用糜粥以饮之，和药以服之；待其腑脏调和，形体渐安，然后用肉食以补之，猛药以治之：则病根尽去，人得全生也。若不待气脉和缓，便投以猛药厚味，欲求安保，诚为难矣"。这段话虽然是诸葛亮用来作比喻的，但是，至少说明在当时，中医"辨证施治"的理念已经深入人心，并且成为可以随时引用的论据，诸葛亮从某种意义上也深得中医"辨证施治"之个中三昧。有人据此甚至说诸葛亮乃是一名中医高手，这话虽然不无玩笑成分在内，但在中国古代"不为良相，即为良医"却是很多读书人的人生追求！而且在同一部作品中，诸葛亮也确实扮演过"医生"的角色，对因为心胸比较狭隘而身染重病的周瑜进行了一番诊断，认为"须先理其气，气若顺，则呼吸之间，自然痊可"。

同样的道理，在科学传播过程中，任何一篇科学传播的作品，也都必须重视事物之间的整体关联性，不能也不应出现一点瑕疵，否则的话，很可能因为一些不应有的低级错误而影响人们对于整部作品的观感。2019年10月30日出版的《北京晚报》就记载了这样一个故事，说的是北京农学院的一位硕士研究生无意间翻看一本科学普及杂志，竟然发现了2019年6月的那一期中有关蜗牛的一些小知识中的一些错误，比如，这篇文章在给一幅蜗牛图片配文字说明时这样写道："仔细看，这只是普通的蜗牛壳被涂成了彩色，并不是真正的糖果蜗牛壳"，实际上这样的表述有误，因为"它们其实就是真正的糖果蜗牛，只不过来自Polymita 属"，这篇文章还提到一本介绍"猫科动物"的书，这本号称写给孩子们看的科普专著却在"130 页到 150 页将所有'知识'都写成了'只是'"，因此被购买该书的读者吐槽说"这么贵的书，全彩，就犯这么低级的错误？"[1]诸如此类的例子其实还有很多，这些反面例证告诉我们，在进行科学普及科学传播的过程中，一定要特别重视将自己的作品视为一个整体，对每一个细节都不能掉以轻心！人们经常说的"细节是魔鬼""成功往往就藏在细节之中"其实说的都是这个意思。

---

[1] 魏婧：《"知识"写成"只是"！科普图书低级错误比比皆是，家长"扫雷"成难点》，《北京晚报》2019 年 10 月 31 日。

第三节

在寻找事物之间关联性的时候，应该注意排除各种各样的干扰，以避免沦为世人眼中的"不经之谈"或者笑柄

寻找事物之间的关联性是一件非常复杂的工作，在这个过程中难免会遇到各种各样的干扰。据 2010 年 5 月的《中国经济新闻》一篇题为《西门庆故里两省三地之争：野百合也有春天》的文章报道，东南沿海某省与某内陆省份的两个县与一个市竟然因为一件事而闹得不可开交。这件事就是他们互相之间就谁是西门庆的老家而吵得不亦乐乎，有的地方甚至还由政府出面，将打造包括"西门庆一条街"之类的工程写进了当地的"十一五规划"。此事经媒体披露出来，一时之间引发广泛争议，也成为很多人眼中的笑柄。人们之所以嘲笑那几个地方为了争"西门庆故里"而闹得不可开交，是因为他们觉得这几个地方的人至少有两点可笑之处，首先是"以假为真"，这话是什么意思？因为西门庆不过是兰陵笑笑生老先生和罗贯中老先生笔下虚构出来的历史人物，并不是真实的历史人物。换句话说，当地历史上是没有西门庆这个人存在的，在这种情况下，把一个并不存在的人拿出来当成自己本地的光荣历史文化遗产而加以炫耀，甚至为了争夺其归属权而吵得不可开交，未免有些可笑。其次是"以次充好"，即使想要找几个古人来为自己装点门面，那也应该找像武松或者宋江这样的英雄人物，而不应找像西门庆这样的淫邪之徒来作为

当地需要纪念的先贤。不知这些嘲笑者有没有想过，那几个地方难道就没有一个聪明人，他们难道就不知道他们的相关举动有可能沦为世人的笑柄吗？倘若知道的话，他们为什么还要不顾世人的嘲笑而要搞什么"西门庆一条街"呢？这里边一定有深层次的底层心理逻辑。这种底层的心理逻辑，在笔者看来至少有两个，一个就是当时的社会还隐隐存在着一种"笑贫不笑娼"的心理，很多地方甚至公然喊出了"繁荣'娼'盛"的口号，在这种社会心理逻辑的推动之下，"审美"就变成了"审丑"，或者说"审丑"与"审美"一样重要，甚至有的时候比"审美"更能吸引人们的眼球！这也不难理解当时一些著名的审丑人物如"某姐"之类为什么会在当时的网络上走红。这种现象的第二个底层逻辑，就是在当地相关人士不惜拉下脸来试图寻找历史上并不存在的西门庆与当地的关联点的时候，可能难免还受到发展经济的底层逻辑的驱动。在他们看来，正是当时社会有一种"笑贫不笑娼"的心理，所以他们觉得即使修建"西门庆一条街"也没有什么了不起，至少可以拉动当地的旅游经济。正是因为包括但不限于这样的底层逻辑心理，所以才衍生出那样大的笑话。千万不要以为这样的笑话只存在于旅游领域，在科学研究领域，在寻找事物之间关联性的时候，也同样存在着各种各样的干扰。如果不排除这些干扰，得出的结论就有可能被视为"不经之谈"，甚至被世人视为笑柄。

《三国演义》第 104 回有一个桥段，说的是诸葛亮病逝于五丈原的时候，"司马懿夜观天文，见一大星，赤色，光芒有角，自东北方流于西南方，坠于蜀营内，三投再起，隐隐有声。懿惊喜曰'孔明死矣'！"司马懿将天上一颗大星的陨落与诸葛亮的死亡联系在一起，并不仅仅是罗贯中先生的文学笔法，而是契合了当时的天文学界将天上的星星与地上的某些特定的人物联系在一起的惯常思维。中国古代的天文学观察常常把天上的一些著名星星和地上的一些著名人物联系在一起，比如说"紫微星"往往是和皇帝联系在一起，而一些其他比较大的行星则和地上的"将相"联系在一起，而现代科学证明，大部分恒星距离我们数十至数百光年，位于 4.37 光年之外的"南门二"是距离我们最近的恒星，而大家都很熟悉的牛郎星则距离我们 17 光年，它们的物理景象需要走几百万年才能够呈现在我们的眼中。所以，笔者曾经在很多年以前写过一首诗，里边有一句话，就是"我们眼前所看见的星星，都是几百万年前的光景"，既然是几百万年以前的光景，那么即使是肉眼见到天上的某个星星坠落，那也是几百万年以前的事情，和此时此地的人去世与否又有什么样的关系呢？！古代的天文工作者并不都是糊涂虫，他们之所以将天上的星星和地上的特定人群联系在一起，是为了达成他们的一个目的，那就是所谓的"天人感应"，就是通过观察天上星星的变化，为地上的政治服务。

前些年有媒体报道，日本有一个业余考古学者，为了在"旧石器文明"和日本之间建立某种联系，不惜将他淘来的所谓"旧石器文明"的赝品埋到地下，再挖出来向世人展示，以此证明日本文化的源远流长。[1] 这个业余考古学者为什么这样做？我想他的底层逻辑就是他是一个非常狂热的日本民族主义者，所以他想在"旧石器文明"和"日本"之间建立联系。科学传播领域也同样是如此。前些年有一家很有名的电视媒体里边有一档很受欢迎的科学普及类栏目，之所以受到欢迎，就是因为该栏目经常把一些脱离人们常识的所谓奇怪现象，比如说什么"空中的飞棍"之类的与所谓的"科学"联系在一起，并且堂而皇之面向全社会传

---

[1] 雅荐：《日本频出考古作假案》，《中国防伪》2003 年第 10 期。

播，该栏目的主创团队难道不知道这样做违背科学吗？之所以如此，我想肯定是因为受到了"唯收视率马首是瞻"的利益驱动！所以，要想真正建立事物之间的科学关联性，就要抓住关键环节，而且不能被私心私利所左右。具体回到本章来说，"础润而雨"关键要看石柱上的湿润是因为人泼水导致的，还是自然形成的。如果是前者，那就与"下雨"之间没有关联性，只有后者才可能与"下雨"有关联性。

第六章 囊萤映雪

第一节 "囊萤映雪"——一个经不起科学检验的成语

"囊萤映雪"是一个成语。这个成语与其他很多成语有一点不同,这个不同之处就在于一般的成语往往都是由一个典故构成的,而"囊萤映雪"却是由"囊萤"和"映雪"两个典故构成的。我们不妨比较一下和它意思相近的"凿壁偷光",后者就是由西汉的匡衡一个人凿穿墙壁引邻舍之烛光读书的故事构成的,所以那个成语的主角只有一个,而"囊萤映雪"的主人公却有两个,分别是"囊萤"的车胤和"映雪"的孙康。下面我们不妨"花开千朵,各表一枝",分别展开加以叙述。首先我们来看车胤,车胤这个人,要说也是一个"官二代",他的曾祖父车浚,曾经担任过三国时孙吴的会稽太守,他的父亲车育,也曾经官至吴郡主簿。他本人从小就因为天资聪颖而被人看好,有一个名叫王胡之的人曾对其父车育说,"这个小孩将会光耀足下门户,可使他学有专攻"。但是,吊诡的是不知道为什么到了他这一代家里怎么就突然变穷了,穷到什么程度呢?因为他很好学,竟然买不起夜晚读书用的灯油或蜡烛,所以他就想出了一个办法,这个办法也很耐人寻味,那就是在夏天的时候抓一些能够发光的萤火虫,用白色的丝绸袋子装起来,然后借助萤火虫发出的光在晚上读书。①车胤这个人，有人评价说有的时候胆子极小，有的时候胆子极大。据相关史料记载，学成之后，车胤先后被东晋朝廷任命为主簿、别驾、征西长史，后来又在宁康元年（公元373年），被朝廷封为中书侍郎、关内侯，与谢安、谢石两兄弟等一起负责给当时的皇帝东晋孝武帝讲解《孝经》，在听谢氏兄弟讲解的过程中，有些问题他没有想明白，想要向当时知名度已经很高的谢氏兄弟询问又担心打扰对方，于是就对他一个叫袁羊的朋友说："我不问吧，怕把精彩的讲解遗漏了；多问吧，又怕劳烦谢家兄弟。"袁羊听了觉得车胤的胆子未免太小，就对他说："哪里见过明亮的镜子厌倦人们常照，清澈的流水害怕和风吹拂的呢？！"说他胆子有的时候过大是指这个人原本是一个读书人，但是，却老想掺和到政治里边，一点也不重视官场的"潜规则"，先后触怒了当时的两个著名权臣王国宝和会稽王世子司马元显，结果虽然没有死在前者的手里，但却被后者一怒之下伤害了性命！这个人一生留下了两个成语，一个是"明镜不疲"，一个就是"囊萤映雪"，宋代一个名叫王齐与的人写诗称赞他说：

---

① 王超：《教育小故事：车胤囊萤》，《新课程导学》2019年第4期。

"儒生骨朽名犹在，高冢相望已乱真，只认夜深萤聚处，便应家下读书人。"他的事迹，记载在了唐代一个名叫徐坚撰写的《初学记》第二卷里边引述的《宋齐语》。

说完了"囊萤"，我们再来看看"映雪"。这个典故的主角叫作孙康，在中国古代，叫孙康的人有很多，比较有名的除了这位孙康以外，还有一位生活在三国时代，乃是东吴的将领，而这个我们这里所说的孙康则生活在东晋时代，是东晋长沙相孙范的孙子，这个人应当说也算是一个名人之后，他小的时候也非常喜欢读书，但是也是家里没有钱购买灯油和蜡烛，所以他想了一个办法，看到外边下了一场大雪，积雪发出的亮光足以照亮书本上的文字，所以他就经常站在院子里边就着雪地的反光来读书，手脚冻僵了就站起来跑一跑，搓搓手，整个冬天都夜以继日的读书，不怕寒冷，常常读到深夜，后来终于成为了一名很有名望的学者，官至东晋王朝的御史大夫。车胤与孙康留下的这两个典故合成了一个成语，就是"囊萤映雪"，但这个成语却是个经不起科学检验的成语。详情笔者将在下文为您道来。

第二节 要警惕打着科学名义的伪科学，甚至反科学

在中国，人们对科学技术至少曾经有两种非常极端的态度，一种态度始于先秦时期一直延续到清朝末年，在这个漫长的历史时期里，当时的主流话语层普遍认为所谓科学技术，不过是一些"旁门左道"或者"奇技淫巧"而已，乃是读书人所不屑为也不应该为之事。《太平御览》记载了这样一个故事，说的是唐朝初年，当时著名的画家阎立本已经官至主爵郎中之职，但是有一次皇帝举办宫廷聚会，还是命人叫他前来为现场的每一个人作画，而且皇帝称呼他，不是称呼他为阎郎中，而是称其为"画师阎立本"，阎立本为此感到极其郁闷，回家之后接连对子孙说，"吾少好读书，幸免面墙，缘情染翰，颇及侪流。唯以丹青见知，躬斯役之务，辱莫大焉！汝宜深诫，勿习此末伎"。[①] 这段话大意是告诫子女们一定要好好读书，不要再去干这些绘画之类的"末伎"，阎立本的心境和态度，以及唐太宗对他的称呼，从一个侧面说明了在中国古代，除了读书以外，包括科学技术和绘画等在内，都是被人所鄙视的行当，是处于"鄙视链"的末端的。1840年以后，随着国门被洋人的坚船利炮打开，"西风"开始大规模

---

① 刘涛：《何以有阎立本"非宰相器"之说》，《收藏》2015年第4期。

东渐，在这种情况下，科学技术逐渐"登堂入室"，最终在某些人的心目中甚至达到了登峰造极的地步，很多人甚至陷入了一种所谓的"科学拜物教"而不能自拔，结果就导致对于科学技术的无节制的滥用，前些年媒体披露的某一名所谓的生物科学家，利用"基因编辑"技术对没有出生的胎儿性别加以剪辑，结果招致法律制裁，就从一个侧面说明了这种"科学拜物教"的猖獗。

  平心而论，这两种对科学技术的态度都不可取，可取的态度应该是对于科学，哪怕是前人已经有所谓"定论"的东西，也应当想方设法去加以验证。所谓"纸上得来终觉浅，绝知此事要躬行"说的就是这个意思。在这方面，清代的康熙皇帝给我们作出了一个典范。一提到康熙，可能很多人都知道他是清代的一个伟大的政治家、军事家，但是却很少有人知道，他实际上还是那个时代的中国为数不多的"科学家"之一，至少是那个时代中国顶级的科学技术研究的"票友"。据相关史料记载，在康熙很小的时候就听别人说起过"囊萤映雪"这个故事，很多年他都对此坚信不疑，但是成年以后，因为受到了孟子"尽信书则不如无书"理念的熏陶，他对这个故事的真实性产生了怀疑，于是亲自主导进行了一次"证伪"，也就是做了一次相关的实验。具体来说，就是对"囊萤映雪"中的"囊萤"加以验证。他先是命手下人抓来几只萤火虫,装在一个透明的纱袋里,凑近萤火虫发出的亮光观看书上的文字怎么也看不清,他又让手下人抓来更多的萤火虫,无论是几十只还是上百只装在一个透明的纱袋里,结果都是一样的,就是萤火虫发出的亮光不足以帮助读书的人看清书上的文字。康熙晚年时曾经就此还专门发了一道圣旨,在圣旨里面,他深有感触地说,"朕曾于热河取萤数百、盛以大囊、照书字画、竟不能辨。此书之不可尽信者也"。[①]康熙皇帝的这个实验,从一个侧面告诉我们,对于前人留下的东西应当采取什么样的态度。其实,岂止是"囊萤"经不起检验,借助"映雪"来读书也不符合健康原理,因为雪地发出的光虽然有可能帮助读书的人看见书本上的文字,但是,如果长期处于雪地反光的情况下,是有可能造成雪盲的!

其实,不仅是中国的有识之士在开展科学研究时并不迷信前人,国外的科学家也同样是如此。在相当长的一段时期里,在西

[①] 陈雄:《"囊萤读书"不可信》,《新语文学习(中学教师版)》2007年第3期。

方人们普遍认同亚里士多德"物体下落速度与物体重量成正比"的观点，而据《伽利略传》记载，1589年著名科学家伽利略却在意大利的比萨斜塔当着其他教授和学生面做了个实验，用实验的结果推翻了亚里士多德的观点。

科学研究是如此，科学传播也同样是如此。前些年有一个"水变油"的"新闻"，当时有很多媒体跟风报道，后来都被啪啪打脸，之所以如此，原因就在于那些跟风报道的记者并没有对看起来就很违背常识的"水变油"做科学验证，结果不仅自己失信于人，而且使其所供职媒体的公信力也大大降低！[1]前车之覆，后车可鉴！在科学研究或科学传播的过程中，一定要尽量避免那些伪科学甚至反科学的东西，这样才能够确保科学研究工作和科学传播工作的可持续发展。

---

[1] 顾海兵：《"水变油"谎言与报业监督系统》，《科学新闻》2001年第29期。

第三节 既不能"没有良心",也不能当"傻瓜"

俄罗斯总统弗拉基米尔·普京曾经说过,"谁要是忘记了前苏联,谁就是没有良心,谁执意想回到前苏联时代,那就是傻瓜"。这话虽然是对俄罗斯人说的,但将其放到本节可能也不无不妥。对待包括但不限于"囊萤映雪"在内的这样在当时曾经是典故后来被证明并不具备科学原理的成语,我们所应采取的态度也应是既不能"没有良心",也不能当"傻瓜"。这方面中国历史上是有很多经验和教训的。

我们都知道,长达2000多年的中国封建社会,曾经先后有很多个封建王朝,在从秦到清所有这些封建王朝中,假如要搞一个"王朝存续时间最短排行榜"的话,秦始皇建立的大秦帝国肯定榜上有名!那问题就来了,秦始皇"奋六世之余烈,振长策而御宇内,吞二周而亡诸侯,履至尊而制六合,执敲扑而鞭笞天下",但秦朝为什么"其兴也勃焉,其亡也忽焉"呢?这其中的原因,从西汉开始,一直讨论了几千年,人们作出了各种各样的解释,在笔者看来,秦朝急遽灭亡的原因倘若从深层探讨,可能与一个事件有关,这个历史事件就是"焚书坑儒"。《史记·秦始皇本纪》中有这样的记载:"非秦记皆烧之。天下敢有藏诗、书、百家语者，悉诣守、尉杂烧之。有敢偶语诗书者弃市。"平心而论，历朝历代的统治者为了维护统治，有的时候可能也会对一些他们认为不好的书籍加以禁止，对一些他们看不上眼的读书人加以肉体消灭。但是秦始皇却将这件事做到了极致，这就非常过分了！我们都知道书籍乃是人类文化传承传播的载体，而儒生在当时则是进行文化传播的重要行为主体，将"书籍"与"儒生"都不加区分地一概加以毁灭，用今天的话语体系加以表述的话实际上就是一种"历史虚无主义"，用普京的话说，就是"没有良心"，因为秦始皇本身也是在中国传统文化的滋养中长大成人的。正是看到这一点，唐代有一个叫章碣的人才写了一首诗，其中有两句叫作"坑灰未冷山东乱，刘项原来不读书"，[①]对秦始皇"没有良心"的历史虚无主义极尽讽刺与嘲弄之能事！笔者认为，对待历史流传下来的文化和典籍所应采取的正确打开方式应当是像九方皋相马那样，不能被事物的表面现象所迷惑，要能

---

① 马丕环：《笔意尖新讽刺辛辣——章碣诗〈焚书坑〉品鉴》，《阅读与写作》2011年第5期。

透过现象看到本质。金庸先生在其名著《倚天屠龙记》中讲述的张无忌在武当山跟着太师傅张三丰学习武当派武功"忘记招数，理解含义"的故事，可以作为我们此处的例证。这个故事其实给我们很大的启发，就是在对待包括但不限于"囊萤映雪"这样的历史典故的时候，我们也应该"忘记招数，理解含义"，这个故事从积极的一面理解，我觉得就是要告诉我们，即使在没有条件的情况下，也不能听天由命似的"躺平"，而应没有条件创造条件也要去做好该做的工作。这方面，除了我们本讲的主人公车胤和孙康以外，其实还有一些在中国历史上留下名号的人，他们也都是非常注重创造条件来读书的。

不妨跟大家再分享一个"江泌追月"的故事。江泌这个人生活在南北朝时期，他家里边也很穷，白天的时候砍柴，晚上想要读书，但是买不起灯油和蜡烛，于是就借着月光读书，[1]与"囊萤映雪"相比，借着天上的月光来读书，这个应当还是有一定的科学性的，史书上说他"光斜则握卷升屋，睡极坠地则更登"，

---

[1] 万一：《登房借月的小学士》，《家庭教育》2001 年第 5 期。

翻译成现代汉语大意是说，他夜静更深月西归时就追着月光到屋顶上看书，读书时间长了打瞌睡没坐稳从房顶掉到地上就再爬上屋顶去继续看书。在历史上，类似的人物还有很多，比如说欧阳修早年家里也很穷，他的母亲，就"以荻画地，教以书字"——弄一根草棍在地上画字教他写字，① 在中国历史上，诸如此类的没有条件创造条件也要读书的例子可谓俯拾即是，我想中国古人肯定不是全都不明白其中可能有些并不一定符合科学原理，但是先哲们为什么还要一而再再而三地把这些典故写出来传之后世呢？我想其中很重要的一点就是以这些人后来的成绩来证明或者告诉后来人，没有条件也不应该"躺平"，而应当创造条件去读书！其实，不仅是中国古人是如此，国外的科学家比如居里夫人当年在发现镭的过程中也是没有条件自己创造条件去开展科学研究的！科学传播同样也是如此，很多的科学传播工作者，可能本身对于其所要传播的科学技术的内容并不是非常了解，为了了解这些内容，他们也是想方设法地创造各种各样的条件，使自己尽

---

① 欧阳发：《欧阳修苦学》，《小学教学研究》2013 年第 36 期。

快掌握相关的知识，以便用通俗易懂的语言向社会大众加以传播，从而既避免"没良心"，又避免"当傻子"。

第七章
望梅止渴

第一节 "望梅止渴"

> 一个因为应对事先考虑不周而险些酿成大祸而诞生的成语

"望梅止渴"是一个成语，这个成语背后有一个故事，这个故事与一个人有关，这个人叫作曹操。据相关史料记载，有一年，曹操率领大军前去讨伐远在河南宛城的张绣，走在路上，突然发现了一个事先没有估计到的问题，那就是这支大军居然从将领到士兵都没有饮用水可喝了，可能在今天的很多人看来，断水是一件小事情，不会有什么大的问题，但饮水对于人维持生命具有非常重要的意义。科学研究表明，人如果接连几天不喝水的话，极有可能会因为脱水而死亡，而且就在三国时代，还有一个因为士兵断水而导致的一场血案的故事，看过《三国演义》的朋友想必都会记得"诸葛亮挥泪斩马谡"那个桥段，诸葛亮为什么要斩马谡？要知道，尽管刘备曾经屡次三番提醒诸葛亮说，"马谡言过其实，不可大用"，但是诸葛亮却一直坚信自己的眼光，认为马谡是可造之材，甚至将他当成自己的事业传人乃至接班人来加以培养，结果就摊上事儿了。我们都知道诸葛亮一生，在没有出隆中之前，就为刘备描绘了将来"三分天下"的战略路径，投入到刘备阵营之后，更是非常具有战略眼光地看到，以西蜀不到两州的地盘和相对较少的人口，想要更好地生存就不能也不应采取简单的防守策略，所以他屡次三番率军北伐，按照《三国演义》的说法是先后六出祁山，六出祁山其实有几次有凑数之嫌，最重要的一次就是他领着包括马谡在内的文武官员开展的第一次北伐，这次北伐发生在蜀汉建兴六年（228年）春，一开始时形势一片大好，陇右的天水、南安、安定等郡都相继叛魏降蜀，又收服了大将姜维，一时关中大震，但却因为街亭之战而功败垂成。街亭之战的主将由马谡担任，他的副手是老将王平，原本是一手好牌却让马谡给打了个稀烂，之所以如此，是因为马谡率领蜀国军队到了街亭之后，没有按照老将王平的意见在有一条小河的山脚下安营扎寨，而是到跑山顶上去安营，结果曹魏的军队来了之后，对安营在山顶上的蜀军采取围困的策略，"魏兵自辰时困至戌时，山上无水，军不得食，寨中大乱。嚷到半夜时分，山南蜀兵大开寨门，下山降魏"（《三国演义》第95回）。马谡也只能在王平等人的保护下狼狈逃回到诸葛亮的大营之中。面对毁了他的战略意图的马谡，诸葛亮也不得不忍痛命人将其处死！由此可见，饮用水对于士兵的重要性！其实，与士兵的饮用水相比，中国古人更重视的往往是士兵能不能吃上粮，战马能不能吃上草，所以才会有"大军未动，粮草先行"的说法，但实际上饮用水却确实非常重要。

当然了，面对同样的危机，不同的人遇上了可能会有并不完全相同甚至截然不同的应对策略。要不说曹操怎么能够得天下，而马谡最后只能被诸葛亮挥泪斩首呢！且说那曹操听了手下关于部队断水的报告之后，一开始也很犯愁，但是稍微思考了片刻，便眉头一皱，计上心来，于是把将领们召集起来，让他们跟手下的士兵们说，前方有一处特别大的梅树林，梅树上有很多马上就要熟了的梅子，这些梅子又酸又甜，咬一口都能让你酸得牙直冒酸水。那些将领们按照曹操的要求把这话传下去了，结果那些口渴得不行的士兵们听了有又酸又甜的梅子，干得冒火的喉咙里突然条件反射地竟然流出了几滴口水来，于是乎口渴的问题暂时得到了缓解。曹操借此机会叫这些军人们抓紧行军，很快找到了一处有水源的地方，把这场危机轻松化解掉了。曹操的这个计谋，后来就被南北朝时期南朝刘义庆记录在《世说新语》中，到了元末明初的时候，罗贯中老先生在撰写《三国演义》的时候又借曹操之口重说了一遍，这个故事不仅帮助曹操摆脱了一场潜在的危机，而且也给今天的我们留下了很多宝贵的经验和启示。

第七章 望梅止渴

101

第二节 科学技术发明、发现与创造往往源于生活

以前我们经常说"文学艺术创作源于生活"，其实，岂止是文学艺术，科学技术的发明、发现和创造往往也源于生活。先秦典籍《列子》中记载了一个"两小儿辩日"的故事。这个故事说有一次孔子在周游列国的途中，看见两个小孩儿在路边辩论得面红耳赤，孔子很好奇，就停下来听这两个小孩儿在辩论什么，原来这两个小孩儿是在辩论究竟是中午时的太阳离我们近，还是早晨时太阳离我们近。一个小孩儿说他认为早晨的时候太阳离我们更近一些，理由是根据他对生活的观察，同样一个东西，在离我们比较近的时候看起来就比较大，而离我们比较远的时候，看起来就比较小，太阳在早晨刚一升起的时候"其大如盖"，大得像锅盖，而到了中午的时候，"其小如盘"就是像吃饭用的盘子，根据视觉观察的原理，所以他认为早晨时太阳离我们近，中午时离我们远。另一个小孩儿不同意这种说法，他认为太阳是中午的时候离我们近，早晨的时候离我们远。理由是根据他的观察，同一个发热体如果离我们比较近的时候，我们就会感觉到它的炎热，而离我们远一些的时候，我们就感觉不到它的热度，太阳在早晨刚刚升起的时候，只给人一种清凉感，只有到了中午的时候，它才让我们感觉到非常炎热，所以从这个角度来说，太阳是

中午的时候离我们近，早晨的时候离我们远！这两个小孩儿各持一端，彼此争得面红耳赤，见到待在一旁的孔子，于是就上来请孔子给评评理。孔子听了这两个小孩儿的说法，一时之间也"不能决也"——分不出谁对谁错，结果遭到了那两个小孩的一致鄙视！[①] 孔子为什么会败在两个小孩儿手里？我想原因有很多，其中很重要的一点可能就是这两个小孩对于天文观察得出的结论都是源于生活中的一些常识，而常识往往是很难推翻的。我们说科学技术发明、发现、创造源于生活，其实更多的时候它是为了服务生活，满足生活的需要。

很多熟悉诸葛亮的朋友，想必都听说过"木牛流马"的故事，"木牛流马"是诸葛亮的一个发明创造，尽管当时没有申请发明创造"专利"，但确实被真实的历史典籍，如陈寿的《三国志》记载下来了，那么，"木牛流马"究竟是什么样的？历朝历代的人有很多争论，据天津媒体报道，"塘沽民间艺术家张俊智参照古书记载，加入了自己的创意制造出了一辆现代版的'木牛

[①] 邱晓萍：《从〈两小儿辩日〉中谈"不能决也"》，《文理导航(上旬)》2022年第8期。

流马'"。这种"木牛流马""通体黑檀木、底部单个铜齿轮、顶部有一牛头状造型",[1]而北宋时的陈师道则通过一段文字阐明了什么是他心目中的"木牛流马":"蜀中有小车,独推载八石,前如牛头;又有大车,用四人推,载十石,盖木牛流马也。"因为谁也没法真正穿越到诸葛亮所生活的三国时代,而陈寿老先生在撰写《三国志》的时候,可能也觉得这种发明创造不过是所谓的"奇技淫巧",不值一提,所以并没有具体阐释木牛流马究竟是什么形状的,其实在笔者看来,"木牛流马"究竟是什么样的并不重要,重要的是不知道大家看了"木牛流马"之后,有没有想过这样一个问题,那就是和西蜀鼎足而立的东吴和曹魏,也可谓是谋臣如云,猛将如雨,为什么他们没有发明创造出这种独特的运载工具呢?这里面的原因有很多,我想其中很重要的一点可能就是那两个国家其实并不需要发明这种东西。以东吴来说,当地水网交叉,仅仅凭借水上交通工具的船只就可以达到运输军粮的目的;而曹魏集团,他们所生活的北方虽然也有一

---

[1] 张姝:《塘沽市民造出现代"木牛流马"》,《滨海时报》2010年10月25日。

些山脉和丘陵，但是，更多的是辽阔的平原，在辽阔的平原上，根本不需要"木牛流马"这种独轮驱动的运载工具。诸葛亮当年发明"木牛流马"，完全是为了满足西蜀那个地形运输军粮的需要。我们都知道，西蜀人口比较少，能够动员的战士并不像东吴和曹魏那样多，如果把宝贵的战兵也用来运输粮食，那势必会影响战斗力，更要命的是，当时的蜀国交通极为不便，既没有高铁，也没有高速公路，都是崎岖巍峨直耸云天的山路，比诸葛亮晚生几百年的李白，就曾经专门写过一首诗《蜀道难》来慨叹蜀地的行路之艰难，正是为了节省人力和适应蜀国交通的需要，诸葛亮才在对生活深入观察的基础上发明了"木牛流马"。回到本章，曹操之所以能够用"望梅止渴"来安抚军心，也是源于他在生活中对于相关事物的观察，他肯定发现吃了梅子人们会酸得流口水甚至听别人说梅子口里也会忍不住流口水这一现象，基于对生活这个观察，也为了满足安抚军心的需要，所以他才编出了那个前方有一座大梅林的"故事"，以便让口干舌燥的士兵们条件反射流出口水来，从而稳定军心。[①] "望梅止渴"这一条件反射

---

① 欧阳军：《成语"望梅止渴"的故事》，《开卷有益 - 求医问药》2017年第9期。

的科学原理源自对于生活的深入观察，而用观察生活所得的知识来满足社会的需要乃是所有科学发明、发现、创造和科学传播都必须遵循的基本路径。

科学研究是如此，科学传播也是如此。在科学传播的过程中，也应当注意观察生活，用大家都耳熟能详的东西来去做科普。叶永烈先生之所以能够编写出一套《十万个为什么》，很大程度源于他对生活的深入观察，然后，将一些佶屈聱牙的科学术语，用比较通俗易懂的语言表述出来，所以最终成就了《十万个为什么》这部作品的经典地位。[1]

---

[1] 王化清：《叶永烈收集材料》，《小学生（上旬刊）》2019年第11期。

第三节

> 要注意认真区别看起来相似的事物，努力做到合情、合理、合法，从而尽可能为更多人谋取福祉

  我们所生活的这个世界是由万事万物构成的，构成这个世界的万事万物其实是非常复杂的。俗话说，世界上没有两片完全相同的叶子，有些东西看起来很相似，但如果仔细追究，里面可能至少存在着情、理、法等方面的差异。就以我们前面提到的那两个成语，"囊萤映雪"和"江泌追月"为例，与其近似的成语还有一个叫作"凿壁偷光"。我们之所以没有将"凿壁偷光"这个成语纳入本书，这固然是因为它并不涉及科学技术发明，但更重要的是在笔者看来这个成语往深了说有一种不好的底层逻辑，那就是为了达到目的，可以不择手段地随意凿穿作为私有财产的邻居家的墙壁，这难免有教人违法之嫌。倘若将"凿壁偷光"这个故事广为传播，将其主角匡衡视为人生楷模的话，那极有可能会对涉世未深的未成年读者产生某种意义上的误导。回到本章我们提到的这个成语"望梅止渴"，与其近似的还有一个成语叫"画饼充饥"，我们之所以没有把"画饼充饥"选入本书，原因是其经不起科学性的检验和推敲，尽管这两个成语粗看起来似乎存在着一定的相似性，都是通过提到外物以试图达到缓解相关行为主体自身生理饥、渴的目的，但是"望梅止渴"符合已经被科学研究证明的条件刺激反射原理，可以帮助相关行为主体缓解口中饥

渴，而"画饼充饥"却恰恰相反，其不仅不会缓解相关行为主体的饥饿，反倒有可能会勾起相关行为主体的饥饿感。所以，一言一行都应该三思，以便给尽可能多的人带来福祉。

不妨跟大家分享一个故事。这个故事主角叫作张居翰。此人乃是唐末五代时候的一个身份很特殊的人，说白了，就是一个宦官。在很多人的心目中，宦官大多是像魏忠贤或者李莲英那样的阴险狡诈的形象，这未免有些一杆子把所有的宦官都打死之嫌。事实上，在中国古代还是有一些宦官确实为当时的社会乃至后世做过一定贡献的，比如说我们今天所使用的纸，它的起源就和一位叫蔡伦的东汉宦官有关，所以最早的纸被叫作"蔡侯纸"；我们今天经常提到要"走出去"，到海外传播中国文化，在明朝，就有一位名叫郑和的宦官，先后七次率领庞大的舰队远跨重洋，向沿途各国传播中国文化，展示中华文明和友谊。张居翰就是一个像郑和、蔡伦那样传递正能量的宦官。这个人在唐昭宗时成为太监。在唐代的中晚期，宦官曾经一度主导过皇帝的废立，但是到了昭宗时代，由于当时手握军权的大军阀朱温要杀尽天下所有的宦官，当时正在军中担任监军之职的张居翰差点成了朱温的刀下之鬼。靠着以前结下的人脉他才侥幸躲过一劫，后来通过自己的努力获得了后唐庄宗李存勖的信任。公元925年，李存勖派大将去攻打前蜀帝国，前蜀帝国皇帝王衍身穿白衣，衔壁牵羊，以草绳系颈，迎降道左。庄宗召王衍赴洛阳，并赐诏书保其不死，但是，由于小人搬弄是非，庄宗皇帝竟然违背承诺，下令将"王衍一行，并宜杀戮"。张居翰觉得如此出尔反尔实在不像话，于是毅然决然地挥笔将"王衍一行"改动一字变成"王衍一家"，结果救了随同王衍一家前往后唐帝国首都的前蜀帝国无辜大臣和太监、宫女等上千条性命。[1]对于他这个举动，有一个叫薛居正的宋朝人评价说，"居翰改一字于诏书，救千人之滥死，可不谓之仁人矣乎！"张居翰的这个故事，从一个层面形象地说明了对于看起来近似的东西，我们应该尽可能从合情、合法、合理的角度选择最合适的，以便给尽可能多的人带来福祉，甚至挽救他们的性命。

历史故事是如此，科学研究又何尝不是如此？同样是原子核裂变，一面可谓连着天使，一面可谓连着魔鬼。爱因斯坦晚年为什么非常懊恼，其中很重要的一个原因就是当年他上书罗斯福主

---

[1] 刘宝河：《一字救千人》，《语文月刊》2000年第8期。

成语"寓"科

成语中的科学启示

张利用原子核裂变制造一种武器，最后导致了美国在日本长崎和广岛投下两颗原子弹，日本军国主义分子当然该杀，但是长崎和广岛的几十万老百姓当中应该并不乏无辜者。所以爱因斯坦觉得这种不分青红皂白的无差别打击，就失去了他当年的本来意义，不符合科学精神和科学伦理。[1]同样的道理，为什么同样是研究基因技术，有人获得正向激励，而那个名叫贺建奎的人却受到强力部门的严惩，原因其实都是一样的！科学传播也同样应该严格遵守法律和道德，为什么"煤变油"的新闻可以广泛传播，[2]而我们前面提到的"水变油"之类的新闻却受到整肃，其最主要的原因也是其传播者没有认真区别看起来似乎是相似的事物。

---

[1] 渝文：《爱因斯坦——"原子弹之父"因"原子弹"而后悔》，《科学大观园》2012年第15期。

[2] 泉水：《煤变油，这是真的》，《青少年科技博览》2002年第9期。

第八章 杯弓蛇影

第一节 "杯弓蛇影"——一个被"降妖抓怪"解除心病的成语

"杯弓蛇影"也是一个成语，这个成语有好几个出处，但是大家普遍认为它出自《晋书·乐广传》。乐广是西晋时期的一个非常有名的文化大咖，因为少年聪颖，八岁的时候就被当时的名士夏侯玄所称道，长大以后更成为名动天下的"清谈领袖"，在当时可谓是名头极盛，一时无人可及其右。而且为人还非常刚正。永康元年就是公元300年，当时的太子被权倾一时的贾皇后陷害，被关押到金庸城，朝廷诏令太子的旧臣不许前往送别，很多人违反诏令前往送行，当时负责京城治安的司律校尉把这些人逮捕，其中有一些被送到河南府的牢狱，时任河南府尹的乐广就把他们全部放了。"杯弓蛇影"说的是一个和饮酒有关的故事，乐广有一个关系非常好的朋友，两个人经常在一起饮酒，但有一段时间他突然发现那个朋友不来了，感觉到很奇怪，所以就亲自前往那个朋友家去探望，见面嘘寒问暖之后，见朋友脸上蜡黄似有病色，于是就问他怎么了，那个朋友回答说，"嗨，别提了！前些时候到您家里去做客，承蒙您用酒招待，我端起杯子正要喝的时候，突然发现杯子里边有一条蛇的影子，心里边十分害怕，因为那杯酒是您请我喝的，我不好意思不喝，但是喝了之后，就得了一种怪病，就是经常恶心，想要呕吐，看了很多医生也没有治好，我想我肯定是招惹了什么说不清道不明的妖怪了，这是那些妖怪对我的惩罚啊。"乐广听了哈哈大笑说，"你也是个读书人，岂不闻孔子早就说过'子不语怪力乱神'，哪里有什么妖怪？你要是不信，我今天就帮你降妖抓怪！"那个朋友说，"您的好意我领了，但是您也不是什么神仙，只不过是个读书人，怎么能帮我降妖抓怪呢？"乐广说，"你难道忘了我捕杀怪狸的故事了吗？"那位朋友听了乐广这句话，不由得马上转变态度。看到这里可能有人忍不住吐槽了，那位朋友为什么前倨后恭，转变态度啊？要回答这个问题还得从"捕杀怪狸"说起。这个故事说的是乐广在担任河南府尹时发生的一件事，原来在担任河南府尹时乐广发现有一件事情很奇怪，就是此前历任河南府尹都不在衙门的正堂里办公，"这是什么鬼？"乐广感到很不解，就问为什么，底下人回答说，正堂里面有妖怪，乐广听了很不以为然，于是就带着人到现场去勘验，勘验的过程中他发现了正堂的墙上有一个洞，于是，就让手下人挖开这个洞，结果在洞的深处，发现一只怪怪的狸猫，他让人把这只狸猫抓住杀掉了，从此以后河南府尹的办公正堂再没有所谓的妖怪出来兴风作浪。这件事传开之后，人们不禁都对这个乐广更加高看一眼，认为他不仅在文学上有才能，而在"降妖抓怪"方面也确实达到了别人难以企及的高度。正是因为听说过这个故事，所以那位朋友才放下心请乐广帮助他来驱除病魔。听了朋友的讲述，乐广觉得应该回到家里还原一下那天和朋友一起喝酒的现场。回到家里之后，他坐在朋友那天坐过的地方，倒上一杯酒，低头一看，果然看见杯里边有一个弯弯曲曲的像蛇的影子的东西，感觉到很奇怪，于是抬起头来四处打量，望见墙上挂着一张角弓，而且还用漆在角弓上画了一条蛇，乐广见了这个情景，马上就明白了，于是他命人摘下那张角弓，结果杯子里的蛇影就不见了。于是，乐广就把那个朋友再次请来，让他仍然还坐在原来那个地方，先把角弓挂到原处，朋友见到杯子里仍然有蛇的影子，这个时候乐广对那位朋友说，"您不妨闭上眼睛，我现在帮你降妖捉怪，让你见证一下什么叫奇迹来临的时刻"，那个朋友半信半疑地闭上了眼睛，乐广则让人悄没声地摘下了那张角弓，然后他让朋友睁开眼睛一看，杯子里果然没有蛇的影子了。朋友感到很吃惊，乐广就如实的解释了杯子里的蛇就是墙上悬挂的那张弓的影子，朋友听了之后，心情豁然开朗，病也一下就好了。[1] 这个故事不仅给我们的成语宝库中增添了一个非常有意思的成语，也给今天的我们留下了很多宝贵的启示。

[1] 周莞舒：《"杯弓蛇影"典故源流研究》，《中小企业管理与科技（中旬刊）》2014年第8期。

第二节

世上本无事，庸人自扰之，要努力加强心理健康能力建设，避免负面应激反应

这里所说的"应激反应"乃是一个心理学术语，指的是因为外部事物的刺激，相关行为主体心理上所产生的相关反应。这种反应可以有两个指向，一个指向正面，一个指向负面。人生在世，难免要遇到各种各样外部事物的刺激，如何面对外部事物的刺激就成为摆在所有人面前无法回避、必须直面的问题。负面的心理应激反应往往可能会影响到相关行为主体自身的可持续发展，甚至会危及生命。

林黛玉是曹雪芹先生在其不朽名著《红楼梦》中塑造的一个人物，此人是很多人心目中的女神，很早就不幸去世了，她死亡的原因与其说是死于生理疾病，倒不如说是死于心理疾病！这种心理疾病实际上就是一种"睹物兴悲"式的负面的应激反应。"花开花谢"乃是自然规律，如果是一个心理积极健康的人，看到这种现象，或者可能无动于衷，或者可能会产生积极正面的心理反应，比如说清代的大文豪龚自珍就写下过"落红不是无情物，化作春泥更护花"的豪迈诗句。而林黛玉却从这种非常常见的自然现象中看到了周围全都是想要害她的人，所以不禁写了一首《葬花吟》，其中不乏"一年三百六十日，风刀霜剑严相逼""花开易见落难寻，阶前愁杀葬花人，

独倚花锄泪暗洒，洒上空枝见血痕"之类的负面心理反映的诗句！正是包括但不限于这些阴暗的心理反映的结果就导致她因为多愁而多病，最后没有实现与他的"木石前盟"喜结连理就少年夭折了！如果说林黛玉只是曹雪芹先生笔下虚构出来的一个文学人物的话，那么在真实的历史上类似这种"世上本无事，庸人自扰之"的情况也并不少见。

前秦的苻坚就是其中一个典型代表。苻坚是前秦第三位君王，此人在中国历史上地位是不低的，因为发现并且重用汉族人王猛而获得了后代史学家们的好评。但是这个人却有一个非常大的问题，那就是在关键时刻的心理应激反应能力往往指向负面，很多人了解苻坚往往都是从"淝水之战"开始的。按照中学历史教科书里边的解释，"淝水之战"是公元383年东晋和前秦之间发生在淝水（今安徽省寿县的东南方）的一场战争。最终东晋仅以八万军力大胜八十余万的前秦军。淝水之战与其说是东晋帝国的谢玄以少胜多，打败了苻坚，倒不如说是苻坚因为负面的不健康的心理应激反应而自己打败了自己！我们不妨复盘一下淝水之战的前后经过：此战的第一阶段，就是谢玄率领的东晋帝国军队，主要依靠刘牢之率领的北府兵通过在战场上的局部优势，在首战的时候告捷，虽然挫伤了前秦帝国的军队，但并没有动摇其根本。这场战役的第二个阶段就是当时的前秦帝国内部朱序、张天锡等人在秦军阵后大叫"前线的秦军败了"导致前秦军队开始出现军心不稳的情况，纵观中国古代历史，打了败仗面临这种心理考验的苻坚并不是最后一个，也不是第一个。秦朝末年有一个人名叫刘邦，此人在秦末农民起义的众多将领中，论起单方面的素质并不是首屈一指的，在和主要对手项羽打仗的时候几乎是逢战必败，最难堪的一次竟然一下子连他的老爸和老婆都被项羽俘虏了，项羽甚至用他老爹的生死来威胁他。而刘邦心力真是非常强悍，居然对项羽说"吾翁既若翁，必欲烹而翁，则幸分我一杯羹"，很轻松地就化解了一场危机，然后借助韩信、英布和彭越等人的力量，最终一战击败项羽而取得了决定性胜利，奠定了汉家400年天下的坚实基础。如果刘邦心力不强悍的话，可能早就已经失败了。与刘邦相比，苻坚遇到的这个困难其实并不是很严重，因为首战失利并不意味着他满盘皆输，但是，他这个人在这种关键时候心理建设上出了问题，以至于在大军行动的过程中，他看见路旁的风吹草动、听到空中鸟的鸣叫声，都以为是敌人的追兵追来了，看到途经的八公山上的草木被风吹动，也认为那里埋伏着东晋帝国的伏兵，所以不仅给后人留下了"八公山上，草木皆兵"这个成语，而且还直接导致了他本人战败身死，前秦帝国分崩离析的悲惨境地。由此可见，面对外部事物刺激产生负面的心理应激反应是多么的可怕。

其实，岂止是政治人物是如此，历史上有些从事科学研究工作的科学家由于不重视心理健康建设，结果不仅影响科学研究，甚至危及自己的生命。2023 年的时候，一款由美国人工智能公司 OpenAI 开发的 ChatGPT 曾经火爆美国，并且迅速波及全世界，ChatGPT 是一款高端人工智能产品。提到人工智能，可能很多人都知道图灵这个人，作为"人工智能之父"，图灵在人工智能研究方面有很多成果，但是却很少有人知道这个人因为心理上不够强大，患上了抑郁症，竟然吃下了一个含有剧毒氰化物的苹果而自杀身亡。类似图灵这种心理应激反应指向负面的例子，在科学研究界并不少见，在科学传播界也屡见不鲜，有一个非常著名的科普作家，因为没有重视心理健康建设，结果，患上了非常严重的抑郁症，最后也自杀身亡。这样的例子无不警示我们，无论是从事什么行当，积极健康的心理建设都是必不可少的。

第三节 "心病"还需"心药"医，解决问题需"对症下药"

"对症下药"是非常符合辩证法的。因为我们在生活中遇到的问题是非常复杂的，只有透过现象看到本质，才有可能找到解决问题的正确方法。熟悉中国古代历史的朋友想必都听说过"赤壁之战"的故事，这场战争孙、刘联军之所以能够取得胜利，关键在于一个人，这个人就是孙权。如果孙权不同意的话，那么就不可能结成孙、刘联盟，就不可能组建孙、刘联军，也不可能取得赤壁之战的胜利。其实孙权一开始并不同意和刘备一方结成联盟联合抗击曹操，孙权之所以最终同意与刘备集团联合，许多人把这个归功于诸葛亮，认为是他到江东之后舌战群儒，驳倒了主和派，力挺了挺战派，才最终说服孙权下定决心和刘备联手一起抗击曹操。如果你也这样想，那就恭喜你，想错了！所谓的"舌战群儒"不过是罗贯中老先生的演绎，真实的历史上诸葛亮在说服孙权下决心这件事上并没有起到关键性的作用，起到关键性作用的一个是周瑜，一个是鲁肃。为什么说诸葛亮没有起到关键作用？因为他当时舌战群儒看起来好像是取得了不小的胜利，但是却没有真正治好孙权心里边的"心病"，孙权的"心病"是他知道打仗是要靠实力而不是光凭"三寸不烂之舌"随便动动口就可以让对方"谈笑间,樯橹灰飞烟灭"的,那只不过是苏东坡写"大江东去"时的美好想象!真实的战争语境中交战的双方是要讲究实力的。孙权面对的可是被称为"治世之能臣,乱世之奸雄"的曹操,和那些被曹操打败的人相比,论身世的显赫,孙权肯定比不过袁绍,论个人的武功,也不一定能够比得上西凉的马腾和韩遂,自己的军队满打满算不过几万人,而刘备的手下刚刚经历过几次战败,已经溃不成军,在这种情况下,凭什么去和曹操对抗?难道就凭诸葛亮的"三寸不烂之舌"吗?那肯定是说说而已,只能当一个笑话听!所以,孙权的心中其实是有很大一块"心病"的,那就是实力不如人,最好不要拿鸡蛋往别人的石头上碰!再者说了,当时的孙权其实在理论上说还存在着另外一种选择,那就是可以像荆州刘表的后人一样投降曹操,这样似乎也可以保住身家性命!作为孙权的亲密战友和伙伴的周瑜和鲁肃,深知孙权这些心理。所以,首先由周瑜登场,跟这位游移不定的主公条分缕析地分析了曹操所率领的军队并没有想象的那么多,他对孙权说:"诸人徒见操书言水步八十万而各恐慑,不复料其虚实,便开此议,甚无谓也",其实,曹操的军队充其量不过20万人左右,而且这20万人的军队,还有相当一部分是刚刚收编的荆州投降的军队，其他军人到了南方根本施展不开手脚，因为"南船北马"，再加上长江自古就是天堑，在这种情况下，曹操的军队并非不可战胜！而鲁肃，则从另外一个角度告诉孙权说，即使是有"和"的希望，您也不能"和"，因为"和"了之后，我们这些您的手下可以继续保住我们的荣华富贵，而且为了安抚地方，曹操肯定还会让我们这些人仍然是官居原职，而曹操对您却不会放心，肯定会用一辆牛车把你拉到许昌去圈禁起来！鲁肃的这番话，从另外一个角度，疗治了孙权的另外一块"心病"！正是因为有了周瑜和鲁肃这两位高明的"心理医生"的"对症下药"，孙权才最终下定决心，拔出宝剑厉声说，如果以后再有敢于劝说我投降曹操的人，我就杀掉他。于是终于下定决心和刘备联手一起抗击曹操，最终取得了"赤壁之战"以少胜多的胜利。

其实不仅军事斗争是如此，中国古代医学科学领域也是非常讲究"对症下药"开展医疗救治的。陈寿在《三国志》一书中就记载了华佗这方面的一个故事。华佗是三国时代一个非常有名的医学工作者，他的医术非常高明，高明到连当时在北方最有权势的曹操都聘请他当"私人保健医生"。华佗这个人有着优秀医务工作者共有的一个优良品质,那就是"悬壶济世,不问贵贱贫富"。所以,他既给曹操看病,也给那些身处社会下层的引车卖浆者看病。有一次,有两个人,一个姓尹,一个姓李,都得了今天我们通常所说的感冒,都来找华佗求医问药。我们都知道,感冒是一种非常普通的疾病,如果是一般的医生,可能会随便开两服药就给打发了,但是华佗毕竟是华佗,这两个人来了之后,他仔细地向他们询问得病的原因,了解到其中一个是因为晚上吃了东西没消化而造成的头疼,另外一个则是因为晚上被子蹬掉了着凉了得的病,所以就分别给他们开了不同的药,这两个人吃了这两种不同的药之后,很快就药到病除了。[①] 行文至此,顺便说一下,就是读者朋友如果得了感冒,至少应该分清是哪种类型的,因为感冒也有多种表现,至少要分清是"风寒性感冒"还是"风热性感冒",然后对症下药,以免贻误治疗的最佳时间,也避免浪费宝贵的医药资源。

其实,不仅科学研究是如此,科学传播也是如此。日本政

---

① 欧阳军:《头痛医头与对症下药》,《家庭中医药》2017年第2期。

府不负责任地提出，要把他们那个福岛核污水排到公海中，有很多人针对这个写了一些科普文章，其中有一个人写的一篇科普文章，却受到了中国老百姓的强烈反弹！之所以如此，是因为文章的作者并没有针对老百姓最担心的"心病"就是核污水排入到海中会不会影响到我们中国老百姓的餐桌安全，而是一味地讨好不负责任的日本政府的不负责任行为，不惜为他们的不负责任行为"洗白"，结果受到了强力部门的严厉整肃！① 这样的教训应该说是非常深刻的！

---

① 青辉：《还真有人为日本核污水洗白！选择的角度很刁钻！》，网易新闻2023年8月30日。

第九章 动如参商

第一节 "动如参商"——一个引发杜甫"朋友圈"究竟都有谁争论的成语

"动如参商",也是一个成语,出自唐代著名诗人杜甫的一首诗,这首诗的题目叫作《赠卫八处士》,诗的原文是,"人生不相见,动如参与商。今夕复何夕,共此灯烛光。少壮能几时,鬓发各已苍。访旧半为鬼,惊呼热中肠。焉知二十载,重上君子堂。昔别君未婚,儿女忽成行。怡然敬父执,问我来何方。问答乃未已,儿女罗酒浆。夜雨剪春韭,新炊间黄粱。主称会面难,一举累十觞。十觞亦不醉,感子故意长。明日隔山岳,世事两茫茫"。这首诗写的非常好,里边有很多传世的名言佳句,如"访旧半为鬼,惊呼热中肠",而且通篇朗朗上口,用词通俗易懂,理解起来没有问题,但是这首诗究竟是写给杜甫哪位朋友的却引发了人们长达几百年的争论,有人因此戏称说这是一首引发杜甫"朋友圈"究竟都有谁争论的诗歌。争论的焦点就是这个"卫八处士"究竟是谁。我们都知道"处士"在中国古代指的是没有做官但是有一定知名度的人。那么这位"卫八处士"他的真名肯定不是叫作"卫八",因为唐代的人习惯把姓后面加上这个人在其整个同族里边的排行来称呼他,比如说白居易的《编集拙诗成一十五卷,因题卷末,戏赠元九、李二十》一诗中的"元九""李二十"就分指作者的朋友元稹、李绅。那么这个"卫八"很明显，并不是真正叫作"卫八"，而是姓"卫"，排行第八。那么，他究竟是谁呢？明末清初有一个学者名叫钱谦益，他认为"卫八处士"并不是一个真实的人名，是杜甫假托的一个人名。用他的原文说，"本无其名而伪撰以实之者"，考虑到钱谦益本身的人品，所以人们连带着就怀疑到他的文品，所以大家并不是很认可他的说法。还有人认为这个"卫八处士"指的是一个名叫卫大经的人。这种说法初看起来似乎有些道理，因为卫大经是一个在历史上真实存在过的人物，而且还是一个虽然没有做过官但是却具有一定知名度的人物，比较符合"处士"这个名称的含义，但是，按照《旧唐书》的记载，这个人主要生活在武则天时代，而杜甫出生于公元712年2月12日，这时距离武则天去世的公元705年12月16日已经整整过去了5年，就算卫大经比较长寿，等到杜甫长大成人之后估计他也已经与世长辞了，因此，说这位"卫八处士"就是卫大经或者卫大经的同族子弟都是不太可信的。那么这个"卫八处士"究竟是谁，现在看来比较流行的一种说法乃是一个名叫卫宾的人，这个卫宾其本人的知名度并不高，但是他的"朋友圈"里边的朋友却都是赫赫有名的文化大咖，我们不妨看看都有谁？比如有个人姓李，叫作李白，有个人姓高，叫作高适，等等，这些人的知名度那可都是如雷贯耳的！虽然我们遍查李白的文集《李太白文集》，也并没有关于这个"卫八"的记载，但是，我们却在高适的文集里面找到两首标题中含有"卫八"的诗，这两首诗分别是《酬卫八雪中见寄》和《同卫八题陆少府书斋》，所以，经过包括但不限于上述综合考量，我们觉得这首诗的题目中的"卫八处士"乃是杜甫的小友卫宾。[1]这首诗其实写的就是人生常常处在离别的状态，好不容易有机会团聚在一起，忍不住感慨良多。剪烛夜话后忍不住又发感慨，分别是长远的，聚集是短暂的，所以最后说，"明日隔山岳，世事两茫茫"！

---

[1] 锁理：《杜诗中的"卫八处士"》，《文史杂志》2009年第2期。

第二节

世界是不断运动变化发展的,如果对此没有清醒的认识,就有可能陷入不应该陷入的窘境

世界是不断运动变化发展的,"动如参商"这个成语,其实核心之一就在于说明世界是在不断运动和变化发展的,倘若对此没有清醒的认识,就极有可能陷入不应该有的窘境。金庸先生在其名著《射雕英雄传》里提到过一个姓黄的人,此人虽然姓黄,但却并不是黄药师,而是叫黄裳。这个人很多朋友估计没有什么印象,但是这个人却创造了一种非常神奇的武功,就是所谓的"九阴真经"。说起来黄裳这个人原本是一个真实的历史人物,[1]金庸先生在这个真实的历史人物基础上做了艺术加工。按照金庸先生的说法,这位黄裳先生是北宋时期的一个官员,他根据当时皇帝的指示编纂道教经典《万寿道藏》,在编纂的过程中他根据自己的感悟,创立了一套非常高超的武功,后来,他受命率领军队前往围剿明教,打死打伤了几个明教高级成员(用《射雕英雄传》中的话说就是"护教法王和光明使者"),结果招致了明教教众的"群殴",俗话说"双拳难敌四手,好虎架不住群狼",黄裳虽然有很厉害的武功,但

---

[1] 涂庆红、汪启明:《目录所记〈演山集〉〈兼山集〉及作者黄裳辨误》,《古籍整理研究学刊》2021年第5期。

是架不住对方人多，而且使用了很多上不得台面的手法，其中之一就是一方面派人围攻他，一方面到他的家里去杀害他没有一点武功的妻子儿女，而且也将黄裳打成重伤。万般无奈，黄裳只好拖着受伤的身体逃到一个别人找不到的地方。在那个地方他潜心思考如何化解那些围攻他的明教教徒们的高超武功，要知道，当时围攻他的明教教徒有很多，黄裳又没有摄像机，只能靠自己的大脑回忆，在回忆的过程中，他可以说是"两耳不闻窗外事，一心只练高武功"，很多年过去了，他终于想出了如何化解明教教徒武功的高超招数，于是就决定出山，去报杀妻灭子的血海深仇！他一个一个找上门去报仇，但是却一次又一次地扑了空，不断落入"一拳打在空气中"的窘境——那些当年围殴他、杀害他家人的明教教徒们一个个都死了。看到这里，可能有的朋友忍不住要问，是谁替天行道杀死了这些穷凶极恶的狂徒啊？答案是"时间"。俗话说，"岁月是把杀猪刀"，王国维先生曾经用非常文艺的语言写道"最是人间留不住，朱颜辞镜花辞树"。岁月流逝可以让一个活生生的人一点一点地走向坟墓。黄裳可能在山中闭门修炼了很多年，忘记了这个自然规律，岁月是不饶人的，不需他动手，那些人都会被时光老人一一带走！黄裳毕竟只是一个虚构的文学人物，他的那些血海深仇，也只不过是金庸先生大笔一挥杜撰出来的而已。但是，金庸先生写的这个故事却告诉我们一个道理，就是一定不能忽略外部世界的变化，否则的话就有可能会陷入不应陷入的窘境。

在中国古代，我们的科学技术曾经一度领先于世界，君若不信，不妨举几个例子。今天人工智能机器人很流行，一提到机器人，很多人都以为是外国人发明的，其实这样说并不十分准确。早在西周时期，我们聪明的先人们就发明出领先于当时世界的"机器人"，据《列子·汤问》记载，周朝有一个天子叫作周穆王，他在出巡的过程中，遇到一个名叫偃师的能工巧匠，给他献上了一个女性宝贝。这个女性宝贝能歌善舞，而且据说还具有人类的情感，周穆王很高兴，有一天他突然发现偃师和这个女性宝贝眉目传情，不由勃然大怒，想要杀掉偃师，偃师赶紧上前告诉周穆王说，我献给您的这个宝贝不是人，是我用木头做的一个像人的人偶，用今天的话说就是一个"机器人"。周穆王不信，那个偃师就当着周穆王的面把那个能歌善舞的"机器人"给拆开肢解了，结果发现确实是一个"机器人",这个故事并不是笔者在这里八卦,而是真真实实记载在先秦的典籍中的。提到航空器,估计很多人会不约而同想到莱特兄弟,认为那是外国人先搞出来的东西。其实早在明朝,有一个名叫万户的中国人就已经开始了研发航空器的尝试,他坐在一把绑上了47支火箭的椅子上,手里拿着风筝,飞向天空,虽然失败了,但却被视为一次非常可贵的飞天尝试。[1]美国火箭学家赫伯特·S·基姆(Herbert·S·Zim)在1945年出版的《火箭和喷气发动机》(Rockets and Jets)一书中就对这位万户先生给予了高度的肯定。诸如此类的事情还有很多,中国的科学技术既然在古代曾经一度在某些领域领先于世界,为什么到后来却落后到了不断挨打的境地?其中一个很重要的原因就是到了封建社会的中晚期历朝历代的封建统治者都把科学技术视为"奇技淫巧",所以,即使像乾隆这样的皇帝,在英国女王派来的马嘎尔尼使团给他展示了当时最先进的造船技术、枪炮制造技术等时会以漫不经心的口吻说,"你们这些东西,

---

[1] 姜玉贵:《中国人的飞天梦》,《初中生学习指导》2020年第11期。

成语"寓"科　成语中的科学启示

我大清早已有之"！[1] 所以导致了清朝末年，任何一个西方列强都可以把清帝国的脸按在地上不断摩擦，那些帝国主义国家只要在中国的海岸线架上几门大炮，就能够迫使腐朽没落的清政府签订不平等的条约，使得当时的中华民族陷入了一个濒于灭种亡国的危险境地。

科学技术研究是如此，科学传播也不能忽视外部世界的发展变化。前些年，有一些科学传播的电视节目或者电视栏目曾经一度火爆，后来为什么渐趋没落，有的甚至关门大吉？这里面的原因有很多，这里面很重要的一点，就是因为他们陷入了"路径依赖"的窘境，躺在过去曾经辉煌的功劳簿上不思进取，结果最后自然被高速发展的外部世界所淘汰。

---

[1] ［英］斯当东：《英使谒见乾隆纪实》，叶笃文译，商务印书馆1963年版，第558—562页。

第三节

不畏浮云遮望眼，只缘身在最高层。

要避免被眼前所见蒙蔽，就应该树立大局意识和具备战略眼光

由于外部事物的复杂性和自身条件的局限性，人们在观察外部事物的时候，往往会有很多局限，眼见的也不一定为实，有时还会被所谓"亲眼所见"误导，甚至作出错误的判断和错误的决断，从而有可能会影响到自身乃至其所在组织、团体、机构乃至国家、社会的可持续发展。不妨跟大家分享一个这方面的故事。故事与一个叫韩信的人有关。熟悉中国古代历史的朋友想必都知道，韩信是秦末汉初一个非常有本事的人，但是这个人年轻的时候家里边非常穷，穷到连饭都吃不上，每天只能在中午的时候跑到河边洗衣服的老大娘那里去蹭饭吃。后来投入到项羽的军队也并没有受到应有的重视，转投刘邦麾下之后，也不招人待见，多亏了一个叫萧何的人，上演了一场"萧何月下追韩信"的戏码，并将他隆重推荐给了当时还是汉王的刘邦，才使得他拥有了独当一面指挥军队作战的机会。事实证明，韩信也确实具有指挥千军万马作战并且取胜的本领，获得刘邦的信任之后，他率领一支军队迅速打下了原本属于齐、楚、燕、韩、赵、魏、秦中齐国的大片土地。随着手下军队和地盘的不断增加，韩信个人对于权力的欲望也像春天的野草一般疯狂滋长，于是他派人到刘邦那里报告他最近取得的一系列

胜利，请求刘邦封他为"假齐王"，就是代理齐国国王的职务。使者到的时候，刘邦正因为其他战场接连失利而心情非常懊丧，听使者报告韩信率领军队打了一系列胜仗的消息后，他很高兴，但是听到使者转述韩信请求封他为"假齐王"请求的时候，刘邦脸却唰地一下就拉了下来，心里边暗想，老子打前打后，把脑袋别在裤腰带上，干到今天也不过是一个封国在偏僻之地的汉中王，你小子只不过是我手下的一个将军而已，凭什么打下齐国大片土地就要封你为"假齐王"？那将来打下楚国的土地是不是还要封你做"假楚王"？于是就爆了一个粗口，正想接着充分发挥他流氓无赖的骂人本事的时候，他的左脚和右脚同时被人重重地踩了一下，刘邦虽然读书不多，但是情商很高，一看踩他这两个人分别是张良和陈平，他马上思如电转，一下子就想明白这两个人为什么要踩他，于是话头一转，用一副流氓无赖的口吻对使者说，"大丈夫生于天地间，应当率性而为，既然想要当齐国的国王，干嘛要当假的？老子今天就封韩信为真齐王，你回去转告他，好好干！"待使者走了之后，刘邦不解地问张良和陈平为什么踩他的脚，张良和陈平不约而同地对刘邦说，现在的韩信，手握重兵，已经成为各方拉拢的对象，如果他倒向项羽的话，那么，鹿死谁手还未可知。刘邦听了，连声说，"你们这两脚踩的好，要没有你们这两脚，我估计一手好牌就让我给打烂了"。后来的事实证明，张良和陈平踩的这两脚，确实是从某种意义上奠定了汉家400年的根基。且说那韩信听了使者转述刘邦的话之后，果然对刘邦更加忠心耿耿，带领他的部队继续南征北战，为刘邦开疆拓土，最后又联合英布和彭越，与刘邦一起在垓下这个地方把项羽用"十面埋伏"之法团团围住，最后一举将其消灭。倘若刘邦当时只看到眼前，而没有听从张良和陈平顾及大局、具有战略眼光的话，那极有可能会导致韩信倒向项羽，那么后来的历史可能将会重写。

不仅历史是如此，科学研究其实也是如此。稍微有一点天文学知识的人肯定都听说过"九大行星"，当然现在叫作"八大行星"了。九大行星也好，八大行星也罢，并不是在同一个时代发现的，其中除了地球以外，水星、木星、火星、金星，人们发现的比较早，而天王星和海王星则是人们分别在18世纪和19世纪观察之后才发现的。[①] 在18世纪没有发现海王星之前，并不意味着海王星不存在，同样的道理，在19世纪没有发现天王星之前，也并不意味着天王星不存在。科学研究的使命之一，就是要不断突破眼前所见，不断去探寻那些已经存在，但还没有被发现的东西。这才是科学研究和科学技术发明的初心所在。岂止是科学研究，科学传播也理应如此，也应当"不畏浮云遮望眼，只缘身在最高层"。要撰写任何一篇文章或制作任何一期科学传播的广播电视节目，都应该具有战略眼光和全局意识，不能也不应为眼前的假象所遮蔽和蒙骗，[②] 这样才能使你的科学传播作品具有更加长久的生命力。

[①] 邹鑫：《太阳系八大行星名称的由来》，《地理教育》2008年第4期。
[②] 张开逊：《在人类活动的背景中思索科普创作》，《科普研究》2015年第10期。

第十章 运斤成风

第一节 "运斤成风"——一个为了怀念"杠精"朋友而问世的成语

"运斤成风"也是一个成语。这个成语出自《庄子·徐无鬼》，是为了怀念经常与庄子抬杠的一位"杠精"朋友而问世的一个成语。熟悉网络新媒体的朋友可能还记得被称为"网络达人"的司马南先生在进行新媒体传播时，经常提到他有一位"隔壁王奶奶"，就像司马南先生在其作品中经常提到"隔壁王奶奶"一样，庄子的作品中也有这样一位"隔壁王奶奶"，与司马南作品中的"王奶奶"不同的是，庄子作品中的"王奶奶"是男的，而且真有其人，此人姓惠名施，又被人尊为"惠子"，是战国时期一位非常有名的政治家、思想家、哲学家，也是"名家学派"的开山鼻祖和主要代表人物。关于他有很多小故事。据说有一次，魏国的国相死了，相国的位置出现了空缺，惠子着急忙慌地从自己住的地方前往魏国的国都，想要去应聘那个相国的职务。路上经过一条河时他不顾河水的深浅，就想涉水过河，结果差点儿被淹死，被一位打鱼的渔夫救了，渔夫把他救上来之后，问他这么着急忙慌去干什么，他说要赶去魏国当相国。那位渔夫就嘲笑他说，你刚才差点儿被淹死，就你这样的人还能当上相国？按照道理来说，惠子刚刚被这个人救起，不管人家说什么都不应该与救他的人抬杠，但是他老人家却直截了当地和人家"杠"上了,并且直接开骂,骂救命恩人是"小狗"!说什么要说游泳凫水你可能行,但论起治理国家你连我的一个手指头都不如,在我看来,在治理国家方面你大概只能算个连眼睛都没睁开的小狗!这番话让人感觉惠子这个人真的是不抬杠不舒服!但倘若与他和庄子经常进行的抬杠相比,上面这次抬杠只能算是"毛毛雨"了!据相关史料记载,有一次,在濠水的一座桥梁上他和庄子一起散步,看到水中的鱼游得很快乐,庄子就说了一句"鲦鱼出游从容,是鱼之乐也",如果不是喜欢抬杠的人听了这话,肯定会随声附和几句,但惠子他老人家却充分发挥了"杠精"精神,马上抬杠说"子非鱼,安知鱼之乐?"——"您又不是鱼,您怎么知道鱼是否快乐呢?"庄子也不是善茬,接着反怼回去说"子非我,安知我不知鱼之乐?"——"您又不是我,怎么知道我不知道鱼是否快乐?"惠子接着又抬杠说"我非子,固不知子矣;子固非鱼也,子之不知鱼之乐,全矣"——"我不是您,本来就不知道您;而您本来就不是鱼,所以,您不知道鱼儿的快乐是完全可以断定的！"① 诸如此类的抬杠还有很多，惠子这个人很有学问，但可惜活的寿命并没有庄子长，他去世之后，庄子前去给他送葬，把他安葬之后，庄子长叹一声，跟旁边的人讲起了这样一个故事：故事说的是楚国的首都郢那个地方有一个人，人们一般称其为"郢人"，他有一个好朋友，是一个使用斧子干活的高手，当地的人称他为"匠石"，"郢人"与"匠石"经常玩一个游戏，就是"郢人"在自己的鼻尖上涂上像苍蝇翅膀那样薄的白石粉，然后让那个"匠石"抡起斧子把这层白粉削掉。每当他们玩这个游戏的时候，旁边看的人都暗暗捏了一把汗，觉得白粉那么薄，斧子那么大，抡起来一斧子砍下去，搞不好会不会把"郢人"的鼻子给砍掉一半啊？！结果每次都只见那位"匠石"不慌不忙地挥动斧子，把"郢人"鼻子上的白粉削掉了，而他的鼻子却丝毫没有受到损伤。而"郢人"面对朋友抡起来的斧子也面不改色，若无其事地站在那里。这件事被宋国的国君宋元君知道了，这位宋国国君就派人把那个

---

① 朱光潜：《子非鱼，安知鱼之乐？》，《语数外学习（高中版上旬）》2021年第2期。

"匠石"找过去，请他来表演一次。"匠石"回答说，"不行"！宋国国君听了很不高兴，就问，"为什么不行？难道我给的钱不够多吗？要多少钱你说话！""匠石"回答说，不是钱多钱少的问题，而是只有与"郢人"合作才能够让我运斤成风而没有任何心理障碍，而那位"郢人"已经去世了，所以，"运斤成风"也将成为历史或者传说了！说到这里，庄子长叹一声说，惠子就好比那位"郢人"，现在他不在了，我就没有可以与之论辩的人了！[①]言毕，非常寂寞！后来人们就用"运斤成风"这个成语比喻手法熟练，技艺高超。这个成语虽然是为怀念"杠精"朋友而问世的，但却给并不是为了和人抬杠的我们以很多的启示。

[①] 王倩倩：《"运斤成风"典故源流研究》，《名家名作》2020年第9期。

第二节

宝剑锋自磨砺出，梅花香自苦寒来。

任何神奇和成功的背后，往往都有不为人所知的坚持不懈的努力和奋斗。

成功和神奇看起来确实风光，但是人们往往有意无意地忽略了成功和神奇背后所隐含的坚持不懈的努力和奋斗，很多神奇的东西，其实如果我们对其进行解构的话，肯定就会发现其背后往往都有非常枯燥的简单和重复的不懈努力。"运斤成风"这个成语故事的主人公那位"匠石"实际上也是通过不断勤学苦练才练就了这种独门技艺的。

这样的故事在中国历史上是俯拾皆是的。不妨跟大家再分享一个类似的故事，故事的主人公姓陈，名叫陈尧咨。此人是北宋时期一个著名的"牛人"。之所以说他"牛"，首先是因为他的家庭很"牛"，倒不是说他的家庭有多么有钱或者有多么有权，而是他家出"学霸"！我们都知道，在中国古代"学霸"的一般标志是考中进士，并且最终成为进士里边的第一名，也就是"状元"。一般说来，一个家族几百年间能够出一个状元，那就要烧高香了！但是陈尧咨和他的哥哥陈尧叟却先后相隔不长时间，都中了北宋帝国科举考试的状元，这如果还不"牛"，那真不知道还有什么是"牛"的了！关键是陈尧咨更"牛"的是，本来可以凭借"学霸"的身份傲立于当时，但是，他却更喜欢自己的另外一个身份"小由基"，这是仿照中国古代一个著名的神射手养由基的名字而取的。通过这个绰号就能够看出，陈尧咨这个人，实际上是非常以自己善于射箭而自诩的。据说他射箭的水平可以达到百步穿杨的境地。此人被朝廷任命当了地方官以后，常常"走火入魔"，不太注重搞活经济，改善民生，而是一门心思想要去跟别人显示他高超的射箭武功。这件事当然引起了很多人的非议，这些非议也很快就传到了他的家里。他的母亲是一位深明大义的老妇人，听说儿子如此胡闹，非常生气，屡次对他进行训斥，有一次，甚至还把陈尧咨最心爱的一个射箭时戴着的小金鱼装饰品给打碎了。但是，他母亲等人的外部批评只能是"治标"，而不能"治本"。[1] 这个时候，一个神秘的人物登场了。之所以说他神秘，是因为此人在历史上连姓名都没留下，但却被堂而皇之地写入

---

[1] 何婵娟：《陈尧咨形象探微》，《文学教育（上）》2021年第11期。

了当时的文化大咖，也是"唐宋八大家"之一的欧阳修的文集当中，欧阳修以其传神妙笔记录了这位神奇人物和陈尧咨之间的"双雄会"。且说那陈尧咨有一次接连射了一会箭，几乎是百发百中，所以非常自得，周围围观的他的家人和下级也都纷纷鼓掌叫好，只有一个卖油翁在旁边看了，默不作声，本着"你不给我点赞，其实就是瞧不起我"的隐秘心理，陈尧咨一把揪住这个卖油翁说，你也懂射箭吗，你觉得我射箭的本领如何？为什么不给我鼓掌叫好？！那个卖油翁想了想，说了几个字"无他，但手熟尔"——我没看出你有什么特殊的本领，不过就是熟能生巧罢了！陈尧咨马上翻脸说，你要不给我一个说法，我绝不会轻饶你！卖油翁不慌不忙地从担着的油担子上边拿下一个油葫芦，然后，拿出一个铜钱放在油葫芦那个小孔上边，从他挑着的油桶里舀出一勺油，慢慢地通过那个铜钱正中的小孔往油葫芦里边滴油，一勺油滴进去了但那个铜钱儿却一点都没沾上油，卖油翁语重心长地对陈尧咨说，我这不算什么神奇的本领，只不过是经年累月一直勤学苦练，我看您射箭的本事也不

成语"寓"科

成语中的科学启示

过如此！陈尧咨听了卖油翁这个话，如醍醐灌顶，最后得以善终！这个故事被欧阳修先生记录到他的文集中，确实留给我们很多的启示：很多需要动手的工作，其实往往都需要勤学苦练再加上一些天赋，就有可能达到神奇的成功。正是从这个意义上，爱迪生才说，所谓天才，就是99%的汗水加一分天赋。很多人都看到，居里夫妇因为发现了两种化学元素钋和镭而获得诺贝尔化学奖的风光，其实没有想到当年他们是如何通过长达近十年的时间，在那些别人不要的废料当中，去辛辛苦苦一点一点提炼出几克镭的。

科学研究是如此，科学传播也是如此。很多人看到一些科普大家写起文章来非常有神韵，但却往往忽略了他们在神奇的背后都下了无数年的苦功。正如一位历史学家范文澜老先生所说的，"板凳要坐十年冷，文章不写半句空"！[①] 范文澜老先生的这句话，虽然说的是如何搞历史学研究，但

[①] 胡华：《板凳要坐十年冷 文章不写一句空——治学方法点滴》，《高教战线》1984年第3期。

是科学传播又何尝不是如此？没有"十年冷"的勤学苦练，就难以创作出好的科学传播作品！

第三节

人生得一知己足矣，寻找到一个好的合作伙伴乃是成功与否的关键

中国传统戏曲《杨家将》里边有两个人物，分别叫孟良和焦赞，这两个人是非常紧密的伙伴，有一句话叫作"孟不离焦，焦不离孟"说的就是他俩。孟良和焦赞这两个人当然只是戏曲中虚构的文学人物，在真实的历史中，也有很多这种特别牢固的伙伴组合，如果失去了其中的一方，另外一方就不可能更好地生存和可持续发展。

不妨跟读者朋友分享两个故事。第一个故事与苻坚和王猛有关，苻坚这个人前面我们已经提到过，王猛其人可能有些人并不一定非常了解。此人出身非常贫寒，年纪轻轻便以贩卖畚箕为业。虽然家境贫寒，他却手不释卷，一直坚持刻苦学习，广泛吸取了各种知识，特别是与行军打仗有关的军事知识，逐渐成长为一位有大本事的人。由于门阀制度的局限，家贫如洗的王猛并没有多少人瞧得起，只有一个叫徐统的人很欣赏他。东晋永和十年，也就是公元354年的时候，偏安江南一隅的东晋派遣大将军桓温率军北伐，一路势如破竹，很快就打到灞上，也就是今天的陕西省西安市附近，王猛也和很多老百姓一起前去求见桓温。当时王猛穿着麻布短衣，桓温请王猛谈谈对当时天下大势的看法，王猛就在大庭广众中，一面脱下衣

服抓上面的虱子一面纵论天下大势，桓温虽然听了暗暗称奇，但是，两个人并不在"同一个频道"上，王猛看出桓温其人居心叵测，不值得投靠，于是毅然拒绝了他的延聘。到了第二年，王猛所在的前秦的皇帝苻健去世，继位的苻生以杀人为乐，所以群臣度日如年，苻健的侄子苻坚想要除掉苻生，挽狂澜于既倒，就想找一个人帮他出主意，他的一个手下叫作吕婆楼的就向他推荐了王猛。王猛和苻坚一见如故，谈及兴废大事，句句投机，苻坚觉得他得到了王猛，就好像当年刘备得到了诸葛亮一样，于是，在王猛的帮助下寿光三年，公元357年，苻坚一举诛灭苻生及其帮凶，自立为大秦天王，改元永兴，以王猛为中书侍郎，执掌军国机密。王猛也果然不负苻坚的重托，帮助苻坚兴邦强国，先后灭掉了北方的燕国，荡平了西陲，然后灭掉了前燕，使得苻坚治下的前秦成为当时雄踞中国北方的强国，甚至隐隐有可以一统天下的趋势。看到这里，可能有的朋友忍不住就要吐槽了，说王猛这样厉害，那为什么苻坚却在淝水之战中大败了呢？这个问题问得好，王猛去世于公元375年6月，而淝水之战发生在公元383年，那个时候王猛已经去世很多年了！倘若王猛没有去世的话，估计就不会有淝水之战的苻坚大败，国破家亡的惨剧发生了！所以淝水之战失败之后，苻坚曾经长叹说，倘若王猛还在的话，就不会有今天的失败了！[①] 其实发出同样慨叹的绝不仅仅只有苻坚，与他相类似的还有早于他的曹操，曹操慨叹的是郭奉孝的早亡，郭奉孝其人前面我们曾经简单地提到过，此人乃是曹操帐下的著名谋士。我们都知道，曹操之所以后来能够为他的后代奠定建立曹魏帝国的基础，追本溯源在于打赢了一个关键性的战役——官渡之战，官渡之战之前曹操心里是很忐忑的，这个时候郭奉孝为了坚定曹操的信心，指出曹操有"十胜"而袁绍有"十败"，[②] 有人评价郭奉孝所说的《十胜十败论》相当于诸葛亮给刘备献上的《隆中对》，罗贯中老先生曾经写诗称赞郭奉孝说："天生郭奉孝，豪杰冠群英。腹内藏经史，胸中隐甲兵。运筹如范蠡，决策似陈平。"在常年的征战生涯中，曹操总是把郭奉孝带在自己身边，每逢遇到军国大事，都向他请教。后来在赤壁

[①] 李廷海：《杰出的领导也要有杰出的部下——从苻坚与王猛谈起》，《领导科学》2008 年第 2 期。

[②] 潘开兴：《素质决高下 成败在自身——"十胜十败论"及其借鉴价值》，《中国石化》2011 年第 8 期。

之战被孙刘联军打败之后，曹操也曾经发出过"倘若郭奉孝还在，就不会有今天之败"的慨叹！由此可见，一个好的合作伙伴对于一个人乃至一个组织更好地生存与可持续发展的重要。

其实，科学研究又何尝不是如此？我们都知道杨振宁与李政道是首次获得诺贝尔奖的华裔物理学家，但却不一定每个人都知道他们之所以能够获得诺奖，很大程度上是因为他们有一个很好的合作伙伴，此人是位女士，叫作吴健雄，后者是位美籍华人，物理学家，中国科学院外籍院士，美国国家科学院院士，美国艺术与科学院院士。虽然早在 1956 年杨振宁和李政道就提出了"β 衰变中宇称可能不守恒"的假说，但是，因为没有得到实验验证，所以没人相信这个理论能成立，这个时候，他们找到了吴健雄，不巧的是，吴健雄已经和丈夫袁家骝买好返回大陆的船票，接到杨振宁的电话后，吴健雄毅然决定请丈夫袁家骝先回国，她本人则返回实验室亲自主持了相关实验，经过夜以继日的努力，用实验证明了在弱相互作用中的对称不守恒，验证了杨振宁和李政道提出的"宇称不守恒"定律的正确，而杨、李二人也因此获得 1957 年的诺贝尔物理学奖。①所以，有人说，倘若没有吴健雄这个优秀合作伙伴的话，杨振宁和李政道不可能获得诺贝尔物理学奖。

不仅仅科学研究是如此，科学传播其实也是如此。当年的高士其先生已经身体残疾，假如没有身边一个非常好的助手谢燕辉女士的精心照料，帮助他做好各种各样的辅助性工作，他就不可能写出一篇又一篇的科学小品，发表在香港《大公报》上。

① 李政道:《吴健雄和宇称不守恒实验》，《实验室研究与探索》2016年第6期。

第十一章 万世不竭

第一节 「万世不竭」

一个一代伟人曾经用它来为外国科学家的最新研究「打call」提供论据，并且作为与来宾谈话谈资的成语

万世不竭也是一个成语，出自先秦时期《庄子·杂篇·天下》，原文是"一尺之棰，日取其半，万世不竭"。说起这个成语还有一些故事，先说它问世的语境，前些年电视里面经常播出一些"大学生辩论赛"，"万世不竭"这个成语就出自一场当时有名的"辩论赛"，只不过这场"辩论赛"论辩的双方并不是"大学生"，而且参与辩论的人数也很不对等，辩论的一方只有一个人，这个人就是我们前面曾经提到过的那位惠施"惠子"；另一方则是那些想要通过辩论来"碰瓷"名人以便博取知名度的当时的一般读书人。惠子这个人口才非常好，思维也非常敏捷，庄子在其作品中记载说他经常提出一些诸如"鸡蛋是有毛的""鸡有三只脚""火不热""飞鸟的影子未曾移动""疾飞的箭头有不走也有不停的时候""白狗是黑的"之类稀奇古怪的问题，别人很难驳倒他。"一尺之棰，日取其半，万世不竭"这几句话就是他和别人辩论时的辩论题。这个成语现在经常被用来形容某些资源或财富的源源不断，取之不尽。

说这个成语背后有故事是因为它不仅与古代的"大学生辩论赛"有关，而且还曾经被开国领袖毛泽东同志用来为外国科学家的研究成果"打call"提供论据，并且用它作为与来宾谈

话的谈资，这又是怎么一回事呢？话还得从一个名叫坂田昌一的日本学者说起，坂田昌一是日本理论物理学家，曾任日本名古屋帝国大学（现名古屋大学）教授，1955年他发表了著名的基本粒子"坂田模型"，认为基本粒子也是可分的，这个理论提出之初在全世界范围之内并没有得到广泛的认同，这其实也可以理解。因为科学界任何一种新的理论往往都要相关的科学实验做支撑，然后才有可能获得学术共同体的认同。就像杨振宁和李政道两位先生当年虽然提出了宇称不守恒理论，但是如果没有吴健雄女士所做的实验来验证的话，他们就不可能获得诺贝尔物理学奖。1963年8月，我国当时已经停刊了三年的《自然辩证法研究通讯》这本杂志复刊，复刊号第一期上就刊登了坂田昌一的一篇题为《基本粒子的新概念》的文章。这篇文章是从俄文转译成中文的，一代伟人毛泽东同志看到后公开为这篇文章"打call"点赞，毛泽东同志为坂田昌一这篇文章"打call"点赞的一个重要的依据就是《庄子·杂篇·天下》中的"一尺之棰，日取其半，万世不竭"，[1] 此

---

[1] 刘金岩、张柏春、吴岳良：《坂田昌一与中国科学家及毛泽东的交往》，《自然科学史研究》2015年第1期。

事还引导了中国国内的粒子物理学家的研究方向，为中国粒子物理后来在理论和实验上取得的重要成果奠定了人才基础。而坂田昌一也确实不负毛泽东同志对他的点赞，他一直对中国怀有非常友好的感情，在中日还没有正式建交之前，像他这样的知名人物是不能轻易到中国访问的，否则的话回国就有可能被吊销护照，而他却冒着风险，先后多次到中国访问，还邀请中国农业科技领域的专家到日本进行访问交流，为中日关系正常化做了力所能及的贡献，他去世之后当时的中国科学院院长郭沫若还专门发唁电表示深切的哀悼。1973年7月，杨振宁先生应邀回国，7月17日毛泽东同志在中南海游泳池书房接见了他，毛泽东同志当然不是物理学家，所以人们认为接见杨振宁的时候他们谈论的应该是与政治有关的话题，但是毛泽东同志却和杨振宁谈的是物理，毛泽东同志很有兴趣地问杨振宁质子是否可再进行分割，杨振宁回答说科学界正在热烈讨论此事，但是到当时为止还没有明确的结论。毛泽东同志就引用了《庄子·杂篇·天下》中的"一尺之棰，日取其半，万世不竭"来论证物质无限可分。毛泽东同志的谈话令杨振宁深受触动，认为毛泽东同志不仅是伟大的政治家，而且还是一位非常伟大的哲学家，他从某种意义上为物理学的研究指明了发展的方向。谁也想不到，一个 2000 多年前产生的成语，竟在 2000 多年后发挥了这么大的效用。"万世不竭"这个成语确实是留下了一段又一段的故事，也给予今天的我们以很多的启发。

第二节

> 想象力是一种重要的能力，失去了想象力往往就意味着失去了创造力

有一个网上流传的段子说得好，"人类失去联想，世界将会怎样？"如果把"联想"两个字换成"想象"，那么可能就更有深刻的含义了。的确，想象力是人类一种非常重要的能力，离开了想象力，往往就意味着相关行为主体失去了原本的创造力。

这里不妨和各位读者分享一个故事，故事的主人公叫作江淹。江淹是南北朝时期南朝的一位文学家，历仕宋、齐、梁三朝。他出身贫寒，但是非常喜好读书，早年曾经创作了大量的富有想象力的作品，包括《别赋》《恨赋》以及大量的诗歌，他的很多作品留下了很多名言佳句，甚至还启发了后人的很多想象。比如说香港著名武侠小说大师金庸先生在创作《神雕侠侣》时为书中的神雕大侠杨过在晚年自创的那套武功所取的"黯然销魂掌"中的"黯然销魂"就源自江淹的《别赋》中的"黯然销魂者，唯别而已矣"！但是，到了晚年，江淹的创作却突然停顿下来，即使有新作问世也味同嚼蜡。对此，人们做了各种各样的解释，其中有两个版本，分别说的是"江郎才尽"的故事。其中一个说，有一天晚上，江淹在睡梦中梦见了一个名叫张景阳的人，来向他索取一样东西。张景阳原名叫作

成语"寓"科

成语中的科学启示

张协,是西晋时期的一位有名的文学家,著名文艺理论家钟嵘在《诗品》序中将他与陆机、陆云、潘岳、潘尼、左思等人并提,作为西晋文学的代表,其创作的诗歌"出睹军马阵,入闻鞞鼓声。常惧羽檄飞,神武一朝征"被当时的人所称道,张景阳向江淹索取的东西是"一匹锦",梦醒之后江淹就再也写不出什么有影响力的东西来了。"江郎才尽"的另外一个版本也是有一个人在梦中向江淹讨要一样东西,不过这个人不叫张景阳,而是叫郭璞。郭璞也是两晋时期一个非常有名的文化大咖,他在梦中对江淹说,我有一支非常神奇的笔,以前一直借给你使,现在我要收回去了,梦醒之后,江淹再也写不出有影响力的东西来了。[①]两个版本都非常有名,他们共同构成了一个成语典故,叫作"江郎才尽"。以往对于这个故事大家一般都当成神话传说来看待。实际上,如果我们透过这些离奇的故事背后所隐含的底层逻辑,就不难发现,张景阳的所称的"锦缎"也好,郭璞所称的"妙笔"也好,其实都是代表了一种东西,这种东西就叫作"想象力",江淹晚年之所以写不出

---

① 许友良:《"江郎才尽"探析》,《青年文学家》2013年第6期。

好东西来，就是他失去了这种宝贵的"想象力"，而且这种想象力并不是那个叫郭璞或者张景阳的人夺走的，而是江淹晚年因为身居高位一心只顾着如何帮助当时的统治者维护好统治，然后进而保护好自己的荣华富贵，而再也没有心思去进行有想象力的文学创作了，所以他自然也就写不出什么像样的东西。这个故事从一个侧面形象地说明了"想象力"对于文学创作的重要性。

其实，岂止是文学创作需要想象力，科学研究也同样需要想象力。牛顿是英国的一位伟大的物理学家，之所以说他伟大，是因为在早年他特别勤勉，而且在科学研究方面非常具有想象力，那个大家都耳熟能详地看到苹果从树上掉下然后进而联想到万有引力定律的科学发现，就是牛顿充分发挥自己的想象力的结果。正是因为早期非常富有想象力，所以牛顿才有了一系列的科学发现并因此奠定了近代物理学的基础，乃至为第一次工业革命提供了一定的理论支撑。牛顿其实本可以更伟大，但是如果熟悉他的人就会发现，他之所以没有更伟大，是因为他到了中老年时期，自动放弃了对于科学研究的兴趣和想象力，而把心思都放在了如何给当时的英国女王当好铸币厂的厂长，从而从女王那里索取一个爵位上，[①] 所以到最后可以说留下了很多遗憾。

岂止是科学研究和文学创作需要想象力，科学传播也同样需要想象力，前些年，有一家著名的电视媒体开办了一档在当时曾经红极一时的电视科学传播栏目。后来该栏目之所以走上了下坡路，甚至最终停办。其中原因有很多，很重要的一点也是因为其主创团队已经失去了进一步展开丰富想象的兴趣和能力，老是躺在过去的成绩上故步自封，结果最终自然被广大的受众淘汰。

---

① 萧如珀:《1699年3月16日：查隆纳铸造伪币被处绞刑——牛顿晚年二三事》，《现代物理知识》2013年第2期。

第三节 好的想象必须合情合理，应当做到"出乎意料之外，又在情理之中"

鲁迅先生曾经评点过两句诗的优劣，这两句诗一句是"广州雪花大如席"，一句是"燕山雪花大如席"。他认为前者远远不如后者，之所以如此认为，并不是鲁迅先生有什么"区域歧视"，而是因为前者没有建立在合理想象的基础上——因为广州那个地方一般根本不下雪，而后者虽然有些夸张，但毕竟是在合理的范围之内，因为燕山地处北方，冬天是下雪，而且有时是下大雪的。鲁迅先生的这个点评，从某种意义上说明了在进行文学创作时，必须要合情合理。

不妨跟大家再分享一个故事，这个故事的主人公叫作韦小宝，是金庸先生笔下《鹿鼎记》的主人公。大家都知道，金庸先生是香港著名武侠小说大师，一生一共撰写出版了14部武侠作品，分别是"飞雪连天射白鹿，笑书神侠倚碧鸳"。倘若读过其中的13部，而没有读过《鹿鼎记》这部作品的读者肯定会以为韦小宝也像其他13部作品中的主人公那样，是一个有情有义、行侠仗义的武功高手，因为那些作品中无论是《射雕英雄传》中的郭靖，还是《神雕侠侣》中的杨过，亦或《笑傲江湖》中的令狐冲，他们都有绝顶武功，比如说郭靖的降龙十八掌，杨过的黯然销魂掌，还有令狐冲的独孤九剑，等等。

和他们相比，韦小宝却是一个基本没有什么武功的人物，而且这个人不仅没有什么武功，而且人品还不怎么样，是一个好吃懒做、贼兮兮的小流氓！这样的一个小流氓居然能够堂而皇之地成为金庸先生笔下一部重要作品中的主角，难免会给人出乎意料的感觉，所以据说这部小说当年在报纸上连载的时候，先后接到了不少的读者来信，这些读者纷纷向报社质问这部作品的作者究竟是不是金庸先生，或者是不是别人冒用金庸先生的名义来发表这部作品？！这些读者的来信我们是可以理解的，因为他们是从常理的角度，根据以往他们对金庸先生作品的阅读经验认为韦小宝这样的人，实在是不配成为金庸先生笔下的武侠作品中的主人公的。但是金庸先生这样做还是有他的理由的，我想，金庸先生是想通过韦小宝这个人物形象的塑造告诉读者两个隐含的深层含义。其一是随着近、现代科学技术的突飞猛进，尤其是各种热兵器的出现，以贴身肉搏为主的传统武术渐趋没落，没有用武之地。俗话说，"武功再高，也怕菜刀"，何况比菜刀快捷威猛不止百倍的枪炮呢？金庸先生想通过韦小宝这个人物告诉读者的另外一点就是，随着近现代社会治理体系的越来越严密，留给以往的"儒以文乱法，侠以武犯禁"的空间越来越小，传统的武侠人物往往将个人凌驾于社会和法律之上，这一点必然会受到主流话语层和强力部门的强力整肃和反弹，所以越到近、现代，传统的武功和所谓的"行走江湖"就逐渐成了一个传说甚至一个笑话。[1]正是基于包括但不限于上述这两点考虑，所以金庸先生就在他的封笔之作的《鹿鼎记》这部作品中设置了韦小宝这样的一个人物作为主角，这就是文艺创作中经常提到的"出乎意料之外，又在情理之中"。

文学创作是如此，科学研究又何尝不是如此呢？2022年的诺贝尔物理学奖颁给了几位研究"量子纠缠理论"的科学家——法国物理学家阿兰·阿斯佩、美国理论和实验物理学家约翰·克劳泽和奥地利物理学家安东·塞林格，这个应当说是出乎某些人的意料的，因为量子纠缠理论从某种意义上是违背了大家公认的爱因斯坦的狭义相对论光速不变的原理的，[2]但是

---

[1] 钟友谦:《从韦小宝的书写形象看反英雄》，《青年文学家》2019年第23期。

[2] 施郁:《量子纠缠之路：从爱因斯坦到2022年诺贝尔物理学奖》，《自然杂志》2022年第6期。

又在情理之中，因为科学上的每一次进步都是建立在对以往公认的科学原理的解构乃至颠覆的基础之上的，当年爱因斯坦狭义相对论和广义相对论之所以能够获得认可，就是建立在否定了牛顿绝对的时空观基础之上的。不仅科学研究是如此，科学传播也是如此。著名科普作家高士奇先生当年曾经写过一系列科普作品，比如《霍乱先生访问记》《伤寒先生的傀儡戏》等。这些作品都是出人意料之外，但是又在情理之中的。

第十二章 一叶障目

第一节 "一叶障目"——一个因为误读而引发一场法律官司的成语

"一叶障目"也是一个成语。这则成语原本出自先秦典籍《鹖冠子·天则》,原文是"一叶蔽目,不见太(泰)山;两豆塞耳,不闻雷霆"。《鹖冠子·天则》原本是一篇"议论文",但是却被一个一心想要发财的读书人当成了一篇"说明文",最后竟然引发了一场血腥的法律官司。这是怎么一回事儿呢?据相关史料记载,楚国那个地方有一个读书人,此人书读得不怎么样,但却喜欢钻牛角尖儿,喜欢搞一些歪门邪道的东西。总是整天绞尽脑汁想要不劳而获地发财致富,有一天他读到了一本书,里边有一句话说,"螳螂伺蝉,自障叶可以隐形"——这句话翻译成现代汉语大意是螳螂在捕蝉的时候,往往借助一片树叶来使自己隐身,从而达到捕食猎物的目的。看了之后,这家伙如醍醐灌顶,幡然顿悟,连声高呼:"我终于找到发家致富的法门了!"于是他就来到他们家院子里的一棵树下,目不转睛地看着树上的一只螳螂如何来捕蝉。他见到一只螳螂扯过一只树叶盖住自己的身体,然后一下子扑住了一只蝉,这家伙高兴得一下跳起来,想要拿到那片树叶,因为当时已经是深秋了,他一把没抓稳那片树叶,却把一大片树叶一起碰落到地上。古人早就说过,世界上没有两片完全一样的叶子,而落到地上的树叶有那么一大摊。这位读书人真是充分发挥了较真儿的精神，找来两只箩筐，把掉在地上的树叶装满了两个箩筐，然后就决定不眠不休也要找到那片能够帮助他"隐身"的树叶。这项工作说白了很简单，就是他拿一片树叶盖住自己，找一个人站在旁边不断询问"是不是能够看见我"。这个被他找来作为"验证人"的人，就是他的妻子。尽管当年有一位诗人吟诵雪花的时候曾经写过"一片两片三四片，五六七八九十片。千片万片无数片，飞入梅花都不见"，但人家那是一种意境，而一个一个地验证一片树叶这个工作就有点儿像人数自己的头发有多少根一样无聊，验证每一片树叶肯定是一种非常枯燥无聊的工作，尽管这家伙自己甘之若饴，但是他的老婆却慢慢地变得不耐烦了。有一天，这种不耐烦终于到了临界点，于是乎，当他拿起一片叶子问他老婆能不能看得见他的时候，他老婆就非常断然地说"看不见"，这个读书人听到之后如获至宝，连衣服都没换，就马上拿着这片树叶跑到了城里，开始他的偷窃行为。本以为拿了这片树叶，就能够像那只螳螂一样，很快就能捕到一只蝉，结果他不但没有捕捉到他想要的"蝉"也就是财富，反倒被人家在偷窃现场抓了一个现行，被扭送到县衙门之后，县令问他为什么这样肆无忌惮地在光天化日之下公然行窃，他居然振振有词地回答说，我以为我拿的那片树叶具有"隐身"功能，别人都看不见我呢！县令很好奇，就问他为什么会有这样的想法，他就复述了他从那本古书里看到的那几句话，县令听了真是又好气又好笑，于是大笔一挥，打了他几十板子，并判了他几年的徒刑。[①] 这个故事给我们留下了一个笑料，但是也留给我们很多宝贵的启示。

---

① 尹戈：《一叶障目》，《中华活页文选（七年级）》2011年第3期。

第二节

要认真分辨并时刻警惕，严防那些各种各样的"障目"一"叶"

我们在上一节中提到的那名书生当然是可笑的，但是他为什么可笑，却仁者见仁，智者见智。有人认为他之所以可笑，是因为他没有找到那片可以"隐身"的神奇树叶，也有人认为它之所以可笑，是因为他食古不化，这些说法可能都有他们各自的道理，但笔者却认为，那个书生之所以可笑，就在于他不知道自己是可笑的！这一点我觉得非常关键。不妨跟读者一起分享一个故事，故事的主人公叫作尹继善，尹继善字元长，号望山，是清朝大臣，曾经先后担任过户部郎中、江苏巡抚、河道总督、刑部尚书，以及云南、川陕、两江总督等要职，此人"白皙少须眉，丰颐大口，声清扬远闻"，入仕后六年就官至巡抚，八年成为总督，他虽然是满族，但却酷爱汉族文化，有很多汉族文化人朋友，其中比较有名的叫袁枚，据相关史料记载，二人交往甚密，"偶然三日别，定有四更留"。[1]有一次，袁枚被朝廷任命到外地去做知县，在临行之前到尹继善那里去辞行。见面之后，宾主二人进行了亲切友好的谈话。在谈话的过程中，尹继善主动问袁枚，你到了一个新的地方，有哪些想法？袁枚回答说，无非是要和上司以及同僚们搞好关系，尹继善接着问，你为此有什么准备呢？袁枚回答说，我别的都没

---

[1] 吴伯娅：《尹继善父子与袁枚的文学交流》，《满学论丛》2012年第三辑。

有什么准备，只是准备了100顶让别人感到高兴的"高帽子"，尹继善听了，马上一本正经地厉声训斥说，你怎么能这样呢？随便给别人戴"高帽子"，这可不是一个好习惯，我对此一向深恶痛绝！听了尹继善的这番批评，袁枚不但没有感到心慌意乱，反倒不慌不忙地说，我知道，我知道，像您这样不喜欢别人戴"高帽子"的人现在是绝无仅有了，所以我准备了那100顶高帽子，可能还是会有些用处的。听了袁枚这番话，尹继善感到心里边很舒服，于是也就略过此事不谈，又说了一些话，袁枚就告辞出来了，出门后，他对等候在门外的人说，我原来准备了100顶"高帽子"，要带到地方去，现在却只剩下99顶了。听他说话的人不是很聪明，就忙问说那一顶到哪里去了？袁枚指了指尹继善住的地方说，那一顶我已经送给尹公了，而且他也欣然笑纳了！[①]这个故事虽然不无诙谐的成分，但里边所包含的内涵却是非常深刻的，那就是像尹继善这样的人也不知不觉地中了老朋友袁枚的圈套，被送了一顶"高帽"而不自知。这顶不自知的"高帽"实际上从某种意义上说，就可以被视为是"一叶障目，不见泰山"的那一片"树叶"！古人对此是有非常深刻的感触的。清代一个非常有名的政治家

[①] 孙健勇：《一百顶高帽子》，《杂文选刊》2018年第12期。

孙嘉淦在写给当时的皇帝的奏折中就有"心习于所是，则喜从而恶违"，这话虽然是说给当时的皇帝乾隆听的，但是对于所有人来说，其实都不无警示意义！人最大的可笑之处往往就在于自己并没有感觉到自己可笑，这其实就构成了每个人心目中的那种"一叶障目，不见泰山"式的心魔。

其实，岂止是生活中，在科学研究的过程中，各种各样的"一叶障目，不见泰山"式的"树叶"也可能会影响到相关科学研究的进展。很多科学技术往往都有一些先行者，他们甚至都已经摸到了各个相关科学技术发明的"门把手"，但却因为受到各种各样"一叶"的遮蔽，所以就没有推开门进去，比如X射线和电灯的发明，除了伦琴和爱迪生之外，他们之前的那些先行者之所以与这些发明无缘，就是因为他们受到了各种各样的"一叶"的遮蔽！

而科学传播又何尝不是如此呢？为什么有的人做科普很成功，有的人做科普却不成功呢？这其中除了天赋的原因之外，也可能和不成功者他们自己内心存在的各种各样的"心魔"有关系！正是各种各样"一叶"的遮蔽成为影响他们可持续发展的障碍，使得这些人往往不能够创作出能够流传后世，为大家所喜闻乐见的科普作品，这一点是应当引起我们高度警惕的。

第三节 解铃还须系铃人，要去除自己心中"障目"的那片"树叶"，关键还在于自己

西方有句格言叫作"你永远也不可能叫醒一个装睡的人"，这话的意思是说，要唤醒装睡者，只能靠装睡者自己，其他人是没有用的，用我们中国传统的话语加以表述的话，那就是解铃还须系铃人，这方面的故事可谓是俯拾皆是。

不妨先跟大家分享一个中国历史上有名的故事，故事的主人公叫作邹忌。邹忌又被称为"驺忌"或"驺子"，是战国时期齐国一个有名的政治家，他先后侍奉过齐国三任君主，其中第二任是齐威王，齐威王这个人虽然后来很有名气，但是在当时呢，却是一个整日沉溺于酒色财气中的昏君，当时有很多人都劝谏他要从酒色财气中挣脱出来，以便更好地治理国家，但是他们的劝谏都被齐威王置若罔闻，根本就听不进去！目睹了这些人劝谏无效之后，邹忌想了一想，决定通过编一个自己的故事来对齐威王进谏，这个故事说白了，就是要三个不同的人回答同一个问题：我邹忌和城北的大帅哥徐公谁更美，谁更帅？被他提问的人有三个，分别是他的夫人、小老婆和来他家求他办事的一个客人。这三个人虽然彼此身份、地位不同，有的甚至还互不相识，但是他们的答案却高度一致，那就是"邹忌最美"！邹忌觉得心里不踏实，自己亲自到城北去见了一下

那个徐公，然后又回家拿起镜子照了一下自己，第二天上朝之后，他就把这个故事讲给了齐威王听。他说，那三个人一致说我比城北的大帅哥徐公更美更帅，但实际上我并不比城北的大帅哥徐公更美更帅，那三个人之所以说我比城北的徐公更美更帅，原因是他们或者是爱我，或者是害怕我，或者是有求于我，说到这里，邹忌话头一转，对着齐威王说，我刚才说的只不过是我们家里的那点儿事儿，而大王您呢，国土辽阔，人民众多，军队数量非常庞大，在您的国土上每个人可能都有求于您，或者爱您，或者害怕您，所以您听到的东西肯定和我听到的差不多，很难听到真实的情况，久而久之可能就影响到你对于国家的治理，国家也就危险了！齐威王听了邹忌讲的这个故事之后，沉思良久，终于从心里战胜了自己的心魔，先后起用了孙膑、田忌等著名的人士，最后称霸一时，成了齐国有名的明君。

有意思的是，这种通过否定自我来达成人生更高目标并不仅仅存在于传统文化之中，在科学研究领域也是如此。2013年，中华人民共和国国家自然科学进步一等奖颁给了铁基超导研究团队，这个团队之所以能够获得国家自然科学研究领域的一等奖，原因当然有很多，但其中很重要的一个原因可能就是因为他们对以往的自我进行了自我否定。原来，在相当长的一段时间里。这个研究团队一直是以铜作为超导材料来进行超导研究的，之所以以铜为超导材料进行研究，是因为他们一直认为铁具有磁性，不适合做超导研究，直到后来他们读到了一篇谈及某些铁基材料也具有超导属性的文章，才恍然大悟，然后找到了这些具有超导属性的铁基材料，在其上面开展超导研究，最后终于取得了巨大的成功，获得了中华人民共和国最高的自然科学研究一等奖。

科学研究领域是如此，科学传播领域又何尝不是如此呢？很多人可能都听说过霍金这个名字，甚至也都知道他是一个著名的科学家，但是很多人可能并不一定知道他还是一个非常有名的科学传播工作者，或者说科学传播大家，他写作的那部《时间简史》曾经影响了几代人，尽管那本书读起来有些困难，但是确实给我们展开了新的视野。霍金之所以能够取得这样大的成绩，原因也是有很多的，但其中很重要的一点也在于他具有自我否定的勇气：在相当长的一段时间里，他一直认为黑洞是有进无出的一个死地，但是后来的科学研究却发现，还是有一些物质能够逃离黑洞的。面对这种发现，霍金从理论上至少可以有两个选择，一个是对这些发现视而不见，听而不闻，一个是公开站出来否定以前的自我，他毅然选择了后者。在一篇公开发表的文章中，他公开承认以前自己的观察和研究存在着重大的错误。霍金的这种自我否定并没有影响到他在公众心目中的形象，反倒为他赢得了更大的声誉，这不由让人想起《论语》中孔子的学生子贡所说的那两句话，"君子之过也，如日月之食焉。过也，人皆见之，更也，人皆仰之"。

第十三章 杞人忧天

第一节 "杞人忧天"——一个绝不仅仅是"忧天"的成语

"杞人忧天"是一个成语,这个成语出自先秦典籍《列子·天瑞》,如果没有读过原文,肯定会以为这个杞国人只是忧虑天会不会塌下来,但实际上却并非如此。因为他不仅仅是担忧天塌,同时也害怕地陷,用《列子·天瑞》原文的话说就是"杞国有人忧天地崩坠,身亡所寄,废寝食者"。[①] 小的时候,听老师讲这个成语一直把那名杞国人当成焦虑过度的焦虑症患者。这也难怪,从古到今我们通常都是这么理解的。到了后来,有了一些独立思考能力之后,很多以往司空见惯了的事情又重新引发了笔者的思考。不知道诸位有没有想过,春秋战国时期有那么多的国家,为什么列子他老人家偏偏要拿杞国人开涮呢?要回答这个问题可能就要从杞国的由来说起。我们知道,西周建立之初,周武王曾经分封了很多诸侯国,这些诸侯国除了是周王室的本家成员之外,还有一些是其他姓氏的人,杞国就属于后者。它的开国国君东楼公姓姒,原本并无希望获得分封,之所以能够成为诸侯国,是因为他是传说中的大禹的后代,据相关史料记载,周武王灭掉商朝之后,为了"政治正

---

① 攸斌:《从杞人忧天说起》,《青少年科技博览》2018 年第 8 期。

确"，派人四处寻找被商朝灭掉的夏朝国君大禹的后代，结果找到了东楼公，于是分封他为杞国国君。别人的赏赐不能不要，但自己不强大要一个空头的国君名号也不能避免国家的多灾多难，在立国的1000多年时间里，杞国曾经先后受到宋国、淮夷、徐国等的攻打，无法在河南地区立足，只得暂时到山东滕县附近的邾国避难，而后迁徙到新泰一带，其后，又多次发生内部动乱，比如，杞隐公就遭其弟杞釐公弑杀，杞湣公在位十六年后，也遭到其弟杞哀公弑杀，看了这些我们应该不难得出结论，列子之所以要拿杞国人说事，很大程度上应该与杞国的多灾多难有关。从某种意义上说，这可能也属于古代的"区域歧视"！有意思的是，如果仅仅认为杞国人没事瞎操心那充其量也只是对这个成语理解一半。因为这个故事中还有一位"匿名人"，由他来扮演那位杞国人的"人生导师"的角色，这位"匿名人"告诉这名杞国人，天是不会塌下来的，因为宇宙是由"气"构成的，包括天上的太阳、月亮、星星等在内的天体都是由"气"变化而来的，所以，天是不会塌下来的，至于地之所以不会让人陷进去，则是因为它是由数不清的土组成的，此处塌陷了还有其他地方接着，这些解释在今天的人看来，可能会觉得未免有些可笑，但是，在3000多年前的古代，还是具有一定的"逻辑自洽性"的，所以，这名杞国人听了这位"匿名人"的解释之后才会"舍然大喜"，露出开心的一笑。

第二节

有一定的忧患意识没有什么不对，关键是要采取积极的应对策略

中华民族其实是一向都比较重视忧患意识的，所谓"生于忧患，死于安乐"，就是老祖宗们总结我们这个民族得以永续发展后得出的一条宝贵经验。"生于忧患"是指不仅要有忧患意识，而且还要有积极的应对策略。

这方面其实有很多故事，我们不妨跟大家分享其中的一个。这个故事的主人公姓郑，名叫郑观应。他曾经写过一本叫作《盛世危言》的书，这本书曾经影响过很多人，其中有一个叫作毛泽东。20世纪30年代，毛泽东同志在接受美国记者埃德加·斯诺采访的时候，曾经说郑观应所写的那本书对青年时代的他产生过非常重要的影响。的确，透过这本书的书名我们就能够看出来："盛世"一般给人的感觉，那就是烈火烹油，鲜花着锦，怎么还会有"危言"和忧患意识呢？但是，郑观应确实在当时号称的"盛世"背后，看到了其背后所潜伏的危机。郑观应不仅有这种忧患意识，而且他本身也绝不是"语言上的巨人、行动上的矮子"，而是积极采取行动。他曾经在两次抵抗外来侵略的战争中积极有所作为。光绪十年也就是公元1884年的时候，中法战争爆发，当时郑观应通过自荐，并经过一个叫王知春的人推荐，获得当时担任粤东防务大臣的彭玉麟的任

命，被委任为湘军营务处总办，后来，他和当时的两广总督张之洞一起，谋划袭击法国侵略军的粮草储存地西贡，也就是今天的越南胡志明市，郑观应不仅参与策划，而且还亲自前往越南西贡、柬埔寨金边等地侦察敌情，并且积极联络当地的人士袭击法国侵略军，回到广州以后不久，法国侵略军进攻台湾，郑观应又建议朝廷和法军决战，并上了七条建议，然后到香港去租船前往台湾给中国军队运送粮草和士兵，因此，遭到了西洋人的极度仇恨，被以莫须有的罪名扣留于香港。如果是一般人，经过此事之后，肯定就不一定会有什么忧患意识了，但是郑观应这个人却是屡经苦难痴心不改，在甲午战争前夕，郑观应再次上书给朝廷，说日本军队将要对中国军队发动进攻。光绪二十年，也就是公元1894年中日甲午战争爆发之后，郑观应又多次上书朝廷提请防备日本奸细，建议采取不准日本人使用电报密码等措施应战，甲午战争清朝军队失败，日本侵略军攻占东北以后，为了保住国有资产，郑观应把他主管的招商局20艘轮船以"明卖暗托"的方式暂时交给德国和英国等外国洋行，挂上这两个国家的国旗照常行驶，等到甲午战争结束以后郑观应又把这20艘轮船全部收回，保住了这一笔宝贵的国有资产。[1]正是因为郑观应不仅是一个言语上的巨人,而且也是积极的行动者。所以毛泽东同志在1936年和美国记者埃德加·斯诺谈话时几次提到过他撰写的那本充满忧患意识的《盛世危言》,毛泽东同志说,"我当时非常喜欢这本书,作者是个老的改良主义者,认为中国之所以弱,在于缺乏西洋的器械——铁路、电话、电报、轮船,所以想把这些东西引进中国,更主要的是《盛世危言》激起了我恢复学业的愿望"。[2]

其实,岂止是在历史领域,在科学研究领域又何尝不是如此呢。纵观近代科学,新近诞生的许多科学,往往都是为了积极应对人类相关忧患意识的产物:今天之所以不遗余力地发展新能源车,是因为它至少可以应对人们的两个忧患意识,一个就是对于燃油车对环境产生污染的忧患意识。再一个就是应对人类对于化石能源总有一天将会耗尽的忧患意识。同样,人们之所以积极开展外太空探索,甚至登陆火星,探索登陆包括但不限于木卫二等类地行星,其实也都是基于人类担心在遥远的

---

[1] 李政阳:《基于民族核心利益的郑观应均势思想研究》,《齐齐哈尔大学学报(哲学社会科学版)》2022年第1期。

[2] 盛巽昌:《郑观应与毛泽东》,《岭南文史》2002年第3期。

将来的某一天我们生活的这颗蓝色星球将不堪重负，不再适于人类生存的忧患意识，而采取的星际移民的策略和对策，其他诸如此类的情况太多了。

不仅仅是科学研究领域，科学传播领域其实也是如此。那些有影响力的科普文章往往都是为了应对在重大的突发性公共事件、公共危机发生的情况下，或者说人类面临非常巨大的生存危机的情况下而产生的种种忧患意识而创作的作品。

第三节 "杞人忧天"故事的后半段凸显了科学知识和科学传播的重要性

有一个成语叫作"断章取义",意思是说人们对于某一件事的理解或者解读,往往只顾一点,不及其余。这是很危险的!就以"杞人忧天"这个成语故事为例,人们往往认为就是说那个杞国人因为担心天塌下来,所以整天吃不下、睡不下,如果按照人们的一般理解,照这个趋势发展下去,这个杞国人最后肯定会得上了焦虑症甚至抑郁症,弄不好还会因此轻生,送掉了性命,但实际情况却并非如此。那个杞国人之所以没有得上焦虑症或者抑郁症,最主要的原因是他遇上了一个非常好的朋友。他的这个朋友根据当时他所掌握的科学知识详细而耐心地告诉那个杞国人天为什么不会塌下来,地为什么不会陷下去的相关科学原理,使得那个杞国人放下了他的焦虑。这个故事的后半段,其实就凸显了科学知识的重要性。

相信很多朋友都听说过"草船借箭"的故事,这个故事说的是赤壁之战前,孙、刘联军的统帅周瑜把扮演军师角色的诸葛亮叫到自己的大帐之中,向他布置了一个在常人看来很难完成的任务,要求他迅速造出 10 万支箭,给诸葛亮的期限是 10 天,诸葛亮为了凸显自己的卓尔不凡,竟然说 10 天的时间太长，将这个期限压缩到3天。周瑜心中不由大喜，用激将法让诸葛亮立下了军令状。作为忠厚长者的鲁肃在一旁看了很着急，事后，诸葛亮找到鲁肃，向他借20只小船，每只船上要30个士兵，船上皆用青布覆盖，每条船上放上数千个草人，分布在船的两边，鲁肃不明其故，但因为是一个忠厚长者，所以也就听从了诸葛亮的安排，到了军令状规定期限之前的头一天晚上，诸葛亮叫上鲁肃说一起去取箭，二人一起登上了一艘船，只见那些举着盾牌的士兵划着那些小船一起逼近曹军的水寨，然后在船上擂鼓呐喊，曹操听到了外边的擂鼓呐喊，因为适逢大雾，担心中了埋伏，于是就让手下的人用"远程武器"也就是弓箭向外射击，曹军一万多名弓箭手箭如雨发，把诸葛亮派来的两面受箭的20条小船上面的草人射得像个刺猬，诸葛亮于是对鲁肃说，经此一役，每条船上大约有五六千支箭，20条船已经得到十万多支箭了。这就是大家熟悉的"草船借箭"故事的梗概。在这个故事中，诸葛亮之所以能够成功，是因为他至少掌握了四个方面的科学知识，第一个是天文学的知识，用诸葛亮自己的话说，就是"为将而不通天文，不识地理，不知奇门，不晓阴阳，不看阵图，不明兵势，是庸才也。亮于三日前已算定今日有大雾，因此敢任三日之限"。就是算定了那天晚上一定会有大雾出现。第二个就是心理学方面的知识，诸葛亮算定在浓雾之中，性本多疑的曹操不敢让他手下的将士出营作战，所以只能用当时仅有的"远程武器"也就是弓箭向外射击。第三个就是统筹学方面的知识，诸葛亮命令手下的士兵不是只静止地待在一个地方受箭。而是当一面插满了曹军射来的箭之后又掉头让另外一面受箭。第四个方面的知识，就是兵器学方面的知识，如果把当时的弓箭比成后来的枪支的话，那么它与后来的枪支最大的不同就是，作为"子弹"的箭和子弹是不同的，子弹射出去基本上就报废了，而箭如果射在柔软的草人上，拔出来是可以重复使用的。通过这个故事，诸葛亮不仅折服了鲁肃，也使周瑜大惊，慨叹说，"孔明神机妙算，吾不如也"！如果撇开围绕诸葛亮的种种神话，其实我们不难发现，他之所以能够取得成功，完全是仰赖于他所掌握的相关科学知识。

其实，岂止是诸葛亮，另外一位古人也令我们感到非常敬佩，这位古人名叫苏东坡。提到苏东坡，很多人都不约而同地认为他是一个文学家，其实他还是一位科学家，大家如果不信，可以通过他写的一篇文章对笔者的说法进行验证，这篇文章叫作《石钟山记》。这篇文章实际上是记录一次科学式的证伪过程，就是验证位于鄱阳湖口的石钟山下的那个深潭的各种非常怪异的响声是不是像当地人传说的那样是有鬼或妖怪作怪。苏东坡和儿子苏迈一起乘坐小船，在一个夜里，驶入了那个深潭，通过抵近观察，发现山下都是石穴和缝隙，细微的水波涌进那里，水波激荡，发出钟鸣般的响声，然后发现，有块大石头正对着水的中央，石头的中间是空的，而且有许多窟窿，把水波吞进去又吐出来，就会发出很奇怪的响声，和先前的声音相互应和。于是证明所谓"鬼怪作祟"之说纯属无稽之谈！[1]这篇文章不仅文笔优美，而且实际上也是某种意义上的一篇科学研究的论文，因为科学研究的基本含义就是通过不断

---

[1] 刘宗辉：《从〈石钟山记〉看如何实现报道真实》，《青年记者》2019年第9期。

的实证来证伪。所以，正是从这个意义上说，我们说苏东坡是科学家，至少是一个有着科学证伪精神的科学工作者。

第十四章 月满则亏

第一节 "月满则亏"——一个被用来胁迫别人帮助自己获得高官厚禄"凶器"的成语

"月满则亏"也是一个成语，这个成语出自《史记·范雎蔡泽列传》，意思是指事情到了一定的阶段，就可能发生不好的变化。有人说，这个成语曾经被某一个胁迫者作为一件胁迫别人的"凶器"，帮助胁迫者获得高官厚禄，这是怎么一回事呢？话还得从两个人说起，因为既然说到"胁迫"，从理论上说，至少要有一个"胁迫者"和一个"被胁迫者"。我们不妨先来看看那个"被胁迫者"，这个被胁迫者，姓范，名叫范雎，乃是战国时期非常有名的一个政治家、纵横家、军事谋略家和外交家，这个人的一生可以用两个字来概括，第一个字叫作"忍"。所谓"忍"，是说他特别能够忍常人所不能忍。据相关史料记载，他本来是魏国的中大夫须贾的门客，因为被人诬陷通敌卖国，所以被当时的魏国相国魏齐下令施以鞭刑，一顿鞭子抽过之后，把他打得看起来像是死了，此时的魏齐竟然下令在场的所有人往躺在地上已经气息奄奄的他身上撒尿，这是一个"伤害性不大但侮辱性极强"的举动，如果是一般的人肯定受不了，但是范雎却忍受住了，而且在一个叫郑安平的人的帮助下化名张禄暗地里随着秦国的使者王稽一起到了秦国。到了秦国之后他见到了当时的秦国国君秦昭王，并且向他献上了"远交近攻"的策略，建议和距离秦国比较远的齐国保持良好关系，而把离秦国比较近的韩国、魏国、赵国作为打击的对象，秦昭王听了之后大喜，于是就任命范雎做客卿，后来又提拔他做秦国的相国。[1]倘若当年他不能忍常人所不能忍，就不一定会有后来的一切。

范雎这个人的第二个特点是"明"，所谓"明"，首先是恩怨分明，当年他奄奄一息之际，多亏了郑安平和王稽两个人的帮助，所以，他当上了秦国相国之后，立刻就重用这两个人，把郑安平提拔成秦国大将，让王稽出任河东太守，而对于当年侮辱过他的人，他一个也都没有放过，掌权后，他先后羞辱了当时魏国的使者须贾，并且又迫使当年下令鞭打他几乎致死的魏国相国魏齐自杀！"明"的另外一个含义是说他有识人之明，他任用大将军白起作为秦军主帅，在长平之战中打败赵国军队，"明"还有一个含义就是有自知之明，正是因为他有自知之明，所以才使得那个"胁迫者"胁迫他的时候能够急流勇退！

---

[1] 高深：《范雎的遇与不遇》，《初中生学习(低)》2016年Z1期。

说完了"被胁迫者"，我们不妨再来看看"胁迫者"。这里所说的"胁迫者"姓蔡，叫作蔡泽，也是战国时期的一个非常有名的纵横家和政治家。这个人，如果也用两个关键词来概括，第一个关键词叫作"丑"。这里是说的"丑"当然是指他长得丑，这可不是笔者在这里八卦，因为当时有一个人名叫唐举，特别会相面，用今天的话说就是一个麻衣神相大师，有一天呢，蔡泽专门找到了唐举，让他给自己算一卦，唐举认真地看了一下蔡泽，然后说，您老兄是鼻子朝天，额头光凸，鼻梁塌陷，再加上两条罗圈腿，圣人所说的人不可貌相，大概说的就是您吧？！第二个关键词叫作"揣摩"，蔡泽这个人还有一个特点，就是善于揣摩别人的心理，到秦国之后呢，他发现当时的范雎遇到了一个危机：他举荐的郑安平和王稽都犯下了大罪，因此导致范雎的心里很惭愧，于是，蔡泽觉得机会来了，就去见范雎，通过一番花言巧语，让范雎感觉到自己已经很危险，为了增强说服效果，蔡泽说了很长一番话，其中有一段大意是说太阳升到正中就要逐渐偏西，月圆后，就要开始亏缺，事物发展到鼎盛就要衰败，这是天地间万事万物的常规！所以已经功成名就的您应该急流勇退！在他的巧舌如簧的劝说下，

成语"寓"科

成语中的科学启示

范雎辞去了自己的职务，并且向当时的秦国国君推荐了蔡泽，蔡泽这个人其实胆子并不是很大，他在秦国做了几个月的相国，听到有人恶语中伤他，他害怕被杀，就辞去了相国职务，得以善终。[①]范雎和蔡泽从某种意义上都是因为"月满则亏"这个充满科技气息的成语而得以寿终正寝，由此可见，科学知识对于人们的生活有多么大的影响！当然了，这个非常有意思的故事也留给我们很多有意义的启示。

[①] 邹纪孟：《知止知足的外交家——范雎》，《政府法制》1998年第3期。

第二节

不自满并不仅仅是一种人生态度，更是能够确保相关行为主体更好地生存和可持续发展的重要保障

中国古人非常重视自身的修养，特别强调要"胜不骄，败不馁"。先秦典籍《荀子·宥坐》篇中记载了这样一个故事，说的是孔子有一次来到了专门祭祀鲁桓公的庙里，看到了一件器皿。这件器皿非常奇怪，孔子不知道是做什么用的，于是就发扬了"子入太庙每事问"的优良传统，虚心向庙里主持祭祀的工作人员请教这件器皿是做什么用的，那位工作人员回答说，这叫"宥坐之器"，并向孔子讲述了它的使用方法。孔子对弟子说，这件器皿空着的时候是倾斜着的，装了一半的东西时是端端正正的，而一旦装满了东西就会倒下来，于是就让手下的弟子拿来了水，往这件器皿里边注水，果不其然，没注水的时候，这件器皿是倾斜着的，注了一半的水时就端端正正地立在那里，而注满了水就立刻倾倒了。看了这件器皿的这个神奇之处，孔子不由发出了由衷的慨叹，那就是"呜呼！夫物恶有满而不覆哉？"这句话翻译成现代汉语大意是说"骄傲自满要不得"。孔子的弟子子路问孔子说，怎么样才能像这件"宥坐之器"那样，孔子回答说，"聪明睿智，守之以愚；功被天下，守之以让；勇力振世，守之以怯；富有四海，守之以谦，

此所谓挹之而损之道也。"① 这几句话实际上都是告诉我们不要把事情做绝。孔子这段话可谓是至理名言。纵观中国历史，凡是能够严格按照孔子所说的去做的人，往往都能够确保其自身更好地生存与可持续发展。

这方面最典型的例子当推曾国藩。曾国藩这个人从某种意义上说，是一个非常笨的人。据相关史料记载，他年轻的时候有一个晚上挑灯夜读，背诵《岳阳楼记》，结果一个晚上都没有背下来，把躲在他们家屋梁之上原来准备行窃的一个小偷都给急坏了，跳下屋梁之后啪啪啪背诵了一遍，然后说就你这种人还想考秀才？然后拂袖而去！② 除了笨以外，曾国藩还有几个特点，一个是能忍，一个是能挺，还有一个就是特别能够体会孔子所说的"戒满"的深刻含义。他曾经写过一首诗："花未全开月未圆。半山微醉尽余欢，何须多虑盈亏事，终归小满胜万全。"尽管有人考证说，这一首诗中的第一句出自北宋时期一位非常有名的文化大咖，"苏黄米蔡"四大家之一蔡襄写的名为《十三日吉祥探花》，该诗原文是"花未全开月未圆，

---

① 贾伟玮：《以"宥坐之器"读先秦儒家的"中道"思想》，《理论观察》2020年第8期。

② 张宏杰：《曾国藩传》，民主与建设出版社2019年版，第8页。

寻花待月思依然。明知花月无情物，若使多情更可怜"。但是，倘若我们比较曾国藩的诗歌和蔡襄的诗歌，就能看出为什么曾国藩的成就要比蔡襄大，因为曾国藩这首诗立意就是写出了他自己的人生追求"终归小满胜万全"，更难得的是，曾国藩不仅是这样说的，更是这样做的。纵观曾国藩一生，最有名的事业当属率领原本是一帮农民组成的湘军打败了曾经占据了清朝半壁江山的太平军，当他率领的湘军攻下太平天国的首都天京（今南京）之时，曾国藩的威望达到了巅峰，很多人都劝他取代清朝皇帝而自立，当时湖南有一个很有名的读书人，叫作王闿运的，就曾经劝曾国藩称帝，曾国藩听了一言不发，手沾茶水在桌上连写了几十个"狂"字，然后拂袖而去。打下南京之后，曾国藩干的第一件事就是立刻上书朝廷请求裁撤湘军，让大部分湘军都集体退伍。[1]这个举动实际上就与"月满则亏"这样的哲理非常吻合，所以他再一次获得了清朝最高统治者的信任，以至终其一生也都恩宠不绝，死后被谥为"文正"，在封建时代这是一般大臣很难获得的谥号。纵观曾国藩的一生，"花未全开月未圆"确实是他的人生座右铭。

---

[1] 成晓军、周晓丽：《试论曾国藩在攻陷金陵后主动裁撤湘军的原因》，《江海学刊》2000年第4期。

其实，岂止是政治场域中需要不自满，科学场域中不自满也是对科学家的基本要求。有很多科学家之所以没有取得更大的成就，就是因为他们在关键的时候过于自满。这方面一个典型的例子就是爱迪生。提到爱迪生，很多人都将他和"电"联系在一起，我们今天所用的电力有两种，一种是直流电，一种是交流电，在爱迪生所生活的那个时代，直流电曾经独秀一时，但是，到了晚年，交流电本来已经有很好的前景了，但是爱迪生却因为自负和自满始终都非常顽固地排斥交流电，认为直流电要远远胜于交流电，结果让人不由为之扼腕叹息！[1] 不仅是科学研究领域，科学传播领域也是如此，前些年有一家著名电视媒体曾经办了一档科学传播的栏目，一开始的时候非常火爆，几年之后却不得不关门收场，这其中的原因有很多，但很重要的一点就是该栏目的主创团队过于自满，躺在以往的成绩簿上睡大觉，不思进取，结果被观众用手和脚投票，最终只能黯然离场！由此可见，不自满确实乃是相关行为主体更好地生存与可持续发展的重要保障。

---

[1] 马秀山：《发明家何以难兼企业家——从爱迪生诋毁交流电谈起》，《发明与创新》2004年第1期。

第三节

要完整、准确、全面地理解客观规律，保持在黑暗中看见光明，在低潮中预见到高潮的乐观心态，从而在新的语境中有所作为

"月满则亏"肯定是一个自然规律，但这个规律还有另外一半，那就是随着月亏的逐步发展然后又有一个重新逐渐走向满月的过程。所以，面对"月满则亏"，除了"不自满"之外，还应有"不自弃"的良好心态，用大家都比较耳熟能详的话说，就是要具备能够在黑暗中看到光明，在低潮中预见到高潮即将来临的心态，这样的心态可能往往会决定相关行为主体是否能够更好地生存与可持续发展。

项羽和刘邦是大家都很熟悉的两位历史人物，如果列一个表格进行比较的话，无论是家世、个人的教育背景、自身武功素质等，项羽都远超刘邦，那为什么刘邦却能够在楚汉相争中取得最后的胜利呢？这里面的原因当然有很多，但其中很重要的一点可能就在于他们两个人所具有的不同心态。比如说，同样是打败仗，这种情况下，两个人有两种完全不同的心态。在与项羽交战的过程中。刘邦可以说是十次九输，输得甚至连自己的老婆和老爸都被项羽俘虏了。如果换做心态不好的人，可能早就会自我了断了，但是刘邦却没有，反观项羽跟刘邦作战，可以说打十次赢九次，唯一输的那一次，就是垓下之战。其实，如果换做是刘邦的话，肯定会想方设法再卷土重来，而

项羽却受不了这种挫折，于是跑到乌江边自杀了。唐代大诗人杜牧曾经写过一首诗："胜败兵家事不期，包羞忍耻是男儿。江东子弟多才俊，卷土重来未可知。"其实，在中国历史上凡是能够在艰难困苦的环境下坚持住的人，就很可能会有光明的未来。我们前面提到的曾国藩，很多人可能知道他是一个特别厉害的人物，其实有些人却并不一定知道在他的军事生涯中开始的时候他可以说是屡战屡败的，但是曾国藩却都咬牙坚持了下来，结果到最后终于使得他成了某种意义上的完人。

科学研究领域同样需要在黑暗中看见光明，在低潮中预见到高潮。今天的我们都在享受着"两弹一星"带给我们的红利，但却并不是所有的人都知道，在当时的条件下，中国人独立自主地搞"两弹一星"被许多身在中国以外的人视为是不可能的事情。著名物理学家杨振宁先生在一篇文章里边提到过这样一件事，说的是20世纪70年代初，他应邀回国访问，回国前，他听人说中国的原子弹和氢弹是外国人帮助搞的，于是就写了一封信向他的西南联大同学邓稼先求证此事，后者经过请示周恩来之后，给他回了一封信，信中有一句话令见多识广的杨振宁潸然泪下，邓稼先写道：我可以很负责任地告诉你，原子弹和氢弹完全是我们中国人自主研发的！[1]杨振宁为什么会潸然泪下？就是因为很多外国人都认为中国人独立自主地搞原子弹、氢弹，包括导弹以及人造卫星几乎是不可能的，而以邓稼先、于敏、钱学森等人为代表的一批中国本土科学家却能够在黑暗中看到光明，以无比坚韧的精神克服了一个又一个的困难，最终独立自主地搞出了上述"国之重器"！使我们中华民族能够巍然屹立于世界民族之林。

科学研究领域是如此，科学传播领域又何尝不是如此？著名科普作家高士奇先生很早就患上了一种非常严重的疾病，患上这种疾病，即使是想要维持普通人的基本生活都很困难，但高士奇先生却在很多人认为不可能的情况下，保持一颗积极、健康、向上的心态，写出了很多很有影响力的科普作品。我们前面曾经提到过的那位英国科学传播大家霍金先生，也是在20几岁的时候就患上了一种奇怪疾病，到最后浑身能够活动的只有眼球，但是他也凭借着坚强的毅力，在几乎不可能的情况

---

[1] 辛明：《中国的两弹有外国人帮助搞吗？——杨振宁与邓稼先的一段友情》，《中国青年科技》2002年第3期。

下，写出了包括《时间简史》等在内的一大批科学传播著作，获得了人们的广泛赞誉。[①]由此可见，心态决定状态，状态决定成败，这话还是非常有道理的。

[①] 田丰：《霍金：身困轮椅心系宇宙》，《太空探索》2018年第5期。

第十五章 病从口入

第一节 "病从口入"——一个目睹别人吃生鱼片导致死亡有感而发的成语

"病从口入"也是一个成语。这个典故出自西晋时代的傅玄所撰写的一篇题为《口铭》的文章，原文是"病从口入，祸从口出"。这个成语今天的人看起来似乎稀松平常，但在作者所生活的西晋时代却有着某种意义上的"划时代"意义。因为此前包括《黄帝内经》在内的医学典籍都没有"病从口入"这样直截了当的论述。看到这里，可能有朋友忍不住就要吐槽了：傅玄又不是一个医学工作者，他怎么能提出这样一个医学原理呢？这个问题提得好。傅玄虽然也是一位在当时非常有名的名人，但他的确不是一个医生，之所以能够得出这个结论实际上可能是听说了和他差不多同时代的一位名人的真实故事有感而发的，这位略早于傅玄的名人姓陈名登，字元龙，乃是东汉末年一个非常有名的政治家和军事家。此人可谓是出身名门，他的老爸陈珪、曾祖父陈亹、叔祖父陈球先后担任过东汉帝国的广汉太守、太尉以及沛相，陈登为人非常正直，他一生干过几件大事，第一件大事就是义迎刘备，陈登是当时的徐州牧陶谦的手下，陶谦病逝之后，徐州当时群龙无首，陈登觉得刘备非常仁义，于是就定下计策请刘备来接替陶谦的职务，担任徐州牧。徐州是一个战略要地，很多人都对其觊觎已久，其中有一个人名叫吕布。吕布其人看过《三国演义》的朋友想必都知道武功很高，品质很坏。建安元年也就是公元196年，吕布用武力驱逐了刘备，自己任命自己做徐州牧，陈登暗中与曹操联系，恳请曹操发兵驱逐吕布，吕布发现这个情况之后，就把陈登的三个弟弟扣起来当人质，但是陈登丝毫不为其所动，最后还是协助曹操剿灭了吕布。曹操任命陈登做广陵太守，这个地方接近孙权的地盘，后者于建安四年也就是公元199年率领十倍于陈登军队的大军前来进犯，结果被陈登打得落荒而逃。可以说，东汉末三国初期的几大名人，刘备、曹操、孙权，几乎都和陈登打过交道。陈登这个人一生业绩非常辉煌，但是却英年早逝，只活了39岁。之所以很早就去世了，原因是他得了一种非常奇怪的病，这种病就是脸红发热，容易发怒。当时他正担任广陵太守，于是就请了很多名医前来诊治，结果没有见到什么疗效。这个时候有人向他推荐了名闻天下的名医华佗。华佗来了之后呢，果然是不负众望，通过一番认真的望闻问切之后，对陈登说他的肚子里边有虫子来回蠕动，这就是他致病的原因。陈登听了觉得非常怀疑，的确，在那个时代，没有今天的X光、CT等透视设备，华佗凭一双肉眼怎么能够看到陈登的肚子里边有虫子来回蠕动呢？华佗说，您可以先服我给你开的药试试。陈登没有别的办法，就吃了华佗给他开的药，吃了之后呢，不久就吐出了好多虫子，这些虫子被吐出来之后还在地上蠕动。陈登见了忙问华佗，这是怎么回事？华佗说，"这可能和您的饮食习惯有关，您是不是经常喜欢吃一种没有煮熟的东西？"陈登想了想，回答说，他非常喜欢吃生鱼片，华佗说，"您这个病就是因为您经常吃这种没有煮熟的鱼所导致的。我今天给您吃的药只能起压制作用，如果您不改变这个吃生鱼片的习惯，三年之后很可能还会要再次发病。我给您留下我的地址，三年之后如果你需要我的时候，可以到这个地方找我。"于是就给陈登写下了一个地址。三年之后，陈登果然再次发病，但这个时候华佗已经被曹操杀害了，由于没有华佗给他进行诊治，陈登黯然离世。[①]陈登病逝于公元201年，而傅玄生于公元217年，所以，对于陈登为什么会生病的原因，他肯定会早就有所耳闻，所以在写这篇铭文的时候，就不假思索地写出了"病从口入"这句话，这句话背后的这个故事，引人深思，给我们留下了很多启示。

[①] 王钦忠、李友松：《华佗给陈登驱出的是肝吸虫吗？》，《中国病原生物学杂志》2006年第6期。

第二节 管住嘴，说起来容易，做起来却很难

所谓"病从口入"，实际上就是告诉人们如果要保持身体健康就要管住自己的嘴。"管住嘴"说起来容易，做起来却很难，难就难在通过嘴食用的相关食物中，可能既包含养分，也包含有害的成分，尤其是很多时候有害的东西外面常常包裹着种种好看的"外衣"，比如说"丹药"。所谓丹药是指将一些矿物质放在一起通过高温加热提炼出来的一种东西。这种东西在中国古代曾经被很多人视为仙丹妙药，认为服下去可以长生不老。据相关史料记载，唐朝一共有21位皇帝，这21位皇帝中有案可稽的，就至少有五位皇帝是因为服用丹药中毒而丧命的。这些皇帝分别是唐太宗、唐宪宗、唐穆宗、唐武宗和唐宣宗。唐太宗李世民是大家公认的"千古一帝"，非常英明，创造了"贞观之治"，被周边少数民族尊为"天可汗"。《剑桥中国隋唐史》评价他说"对后世的中国文人来说，太宗代表了一个文治武功理想地结合起来的盛世"。毛泽东同志也盛赞他说"自古能军无出李世民之右者，其次则朱元璋耳"。就是这一位英主，却因为服食丹药仅仅活了50岁就黯然离世了。[①] 唐

[①] 穆渭生：《唐太宗的败德弊政：饵丹药与兴土木》，《陕西教育学院学报》2006年第1期。

宪宗原本也是一个不错的皇帝，曾经力图使唐朝在他的手里中兴。可是他四十来岁就开始想要寻找长生不老的"仙药"，最终由于服用丹药中毒而被宦官害死。[①] 更有意思的是，有些皇帝明明知道前任死于服用丹药，而且继位之初也曾经用雷霆手段惩治了那些唆使皇帝服用丹药的方术之士，但他们自己转过头来也像他的前任皇帝一样，走上了服食丹药、自取灭亡的道路。比如说，唐穆宗李恒继位以后，一开始惩办了给他老爸唐宪宗炼制丹药的方士，但他自己后来也重蹈乃父覆辙，服用丹药，30岁就中毒而死。那位唐宣宗是晚唐时期一个比较有作为的皇帝，被当时的人称为"小太宗"，就是小唐太宗的意思，他继位以后立即杖杀了和流放了用丹药毒害他的前任唐武宗的道士，但悲催的是，后来他自己也开始服用丹药，而且由于中毒太深，后背上长出了脓疮，最后因为金丹之毒踏上了不归路。可以说，包括但不限于上述这些皇帝们都是人精，却都因为受不住那些所服用之物外表包裹着的"华丽外衣"的诱惑，没有管住自己的嘴。最终走上了不归之路。

---

① 岳纯之、唐澜：《论唐宪宗之死》，《烟台师范学院学报（哲学社会科学版）》1997年第1期。

说"管住嘴不容易"的另外一点就是人们往往无法证明通过嘴服用进去的东西的有害性。在没有发明显微镜之前，人们往往只能借助于其他力量，这其中佛教就起了非常积极的作用。佛教有一部经典说一滴水里有84000生命，所以要特别小心，不要杀生！当然，佛教毕竟是宗教，直到17世纪一个叫列文虎克的荷兰科学家发明了显微镜，人们通过显微镜才发现所服用的食物中存在着大量的细菌，由此可见，即使是科学研究也并不是一开始就能够证明"病从口入"的科学原理的。科学传播领域又何尝不是如此呢？假如"管住嘴"很容易，就不会有那么多的科普大家撰写各种各样的科普文章来反复叮嘱人们要从小就养成"饭前便后要洗手"的习惯了。

第三节

> 凡事都有一个度，过犹不及

"病从口入"这个成语确实给人很多启示，但是我们对它也不能做过度的解读，不能因为知道吃进去的东西有可能会带来疾病，所以以后也就不吃任何东西了。

先秦典籍《吕氏春秋·荡兵》中记载了这样一个故事，故事说有一个有钱人，最大的嗜好就是喜欢吃东西，或者用当时的话语表述叫作"饕餮之徒"，所以吃得很胖，他有一个好长时间没有见面的朋友，见到他之后却发现这位以前胖得很的"老饕"竟然变得骨瘦如柴，于是感到很吃惊，就忙问这是怎么一回事，这位"老饕"身边的人给他讲述了这样一件事儿，就是前些时候这位饕餮之徒吃饭被噎着了，噎得很严重，找了医生来好不容易把卡在他嗓子里的东西给取了出来，从此以后，这位饕餮之徒就得了"食物恐惧症"，什么东西都不敢吃了，不但自己不敢吃东西，而且还想号召天下所有人都不吃东西！这位朋友听了不由感到非常可笑，于是就对这位"老饕"说，你这样的反应未免太过分了，难道你因为在路上跌了一跤从此就不再走路了吗？难道你因为在呼吸的时候咳嗽了一下，以后你就不再呼吸了吗？吃东西噎了一下以后注意就是了，干嘛因为被噎了一下就从此什么东西都不吃了呢？！①这个故事估计是一个寓言故事，但是里面所包含的道理却具有一定的普遍性。

看过《红楼梦》的朋友，想必可能还记得其中的一个桥段，那个桥段说，有一次林黛玉的父亲病重，想要身在京师的林黛玉回老家苏州去看望，主人公贾宝玉因为喜欢林黛玉不愿意让林妹妹走，所以就要求凡是所有姓林的人都不准前来，来了就要打出去！这可能是曹雪芹先生的文学夸张，但是，在现实生活中，这种因为不喜欢一件事就推而广之"恨屋及乌"的例子却有很多。就拿那位秦始皇来说，本来得罪他的是几个方士，但是他却把对这几个方士的仇恨推而广之，搞了一次大规模的"焚书坑儒"，在历史上留下了非常不好的骂名！

在科学研究界其实也有类似这种因噎废食的例子。20世纪80年代，美国曾经研制出了一种可以反复使用的航天飞机，这种航天器到后来却被永久叫停了，叫停的原因有很多，其中很重要的一点就是这种航天器曾经先后发生过重大事故。在20

---

① 戴明珠：《〈吕氏春秋〉成语浅析》，《文教资料》2012年第34期。

世纪 80 年代生活过的朋友想必会记得 1986 年 1 月 29 日那天的中央电视台的《新闻联播》的头条破天荒地报道了国外新闻，这是美国的"挑战者号"航天飞机失事的消息。"挑战者号"失事是人类航天史上的一次悲剧，[1]但是却不能也不应因为这次失事就终止航天飞机的使用，这是一个典型的失败的案例！反观我们中国，20 世纪的 1996 年 2 月 15 日就曾经有过一次航天火箭失事的情况，[2]但是我们的航天工作者们却并没有因此而感到气馁，而是反复总结经验以后再接再厉，以后再没有发生过类似的情况，我们不妨设想一下，倘若我们当年因噎废食，因为那次航天火箭发射的失事，就终止了后续的发射，那就不会有今天的"神舟"系列的飞船成功上天，也不会有中国航天事业取得的伟大成绩！

科学研究领域是如此，科学传播领域又何尝不是如此呢？那些科学传播的大家，在早年第一次投稿或者第一次写作的时候，不排除都有可能并不如意的经历，倘若他们因此而因噎

---

[1] 谢静：《组织的决策过程与信息的传播和解释——以美国"挑战者"号航天飞机失事前的组织传播为例》，《今传媒》2007 年第 1 期。

[2] 佚名：《长征三号乙火箭发射失利》，《中国航天》1996 年第 3 期。

废食，那可能就不会有后来的赫赫有名的科学传播或者科普的大家了。

第十六章 揠苗助长

第一节 "揠苗助长"

一个被智者通过调侃特定国家的老百姓来为自己的鸿篇大论做论据的成语

"揠苗助长"又写作"拔苗助长",也是一个成语,出自先秦典籍《孟子·公孙丑上》。原本是指把苗拔起来,助其成长,后多用来比喻违反事物的发展规律,急于求成最终事与愿违。有人说,中国先秦时代很多智者,他们的智慧往往都是通过在和其他人的对话交流中迸发出来的。这话可能说的不一定完全准确,但"虽不中,但不远矣",至少作为儒家的两位祖师级的人物孔子和孟子是如此。孔子就不用说了,他的很多智慧和思想都是体现在《论语》当中,而《论语》从某种意义上说,就是孔子和他的学生们的对话记录集。作为孔子继承人的孟子也具有这个特点,他的很多智慧和思想也是在和其他人的对话,尤其是和他的弟子们对话的过程中迸发出来的。在孟子的诸多弟子中,公孙丑就是其中非常有名的一个。公孙丑虽然名字有一个"丑"字,但是他的言行却一点儿也并不丑,孟子很多著名的论断都是在和他的对话过程中展现出来的。[①]比如说今天几乎每个中国人都熟悉的"得道多助,失道寡助"就是在和他对话的过程中说出来的。同样,"揠苗助长"这个成语

---

① 佚名:《公孙丑到底丑不丑》,《同学少年》2016 年第 8 期。

也是孟子与公孙丑对话的过程中问世的。细心的读者可能会注意到，在本节的小标题中，笔者曾经提到过"特定国家的老百姓"，这里所说的"特定国家"指的就是宋国。熟悉先秦典籍的朋友肯定会发现一个非常有趣的现象，就是先秦的一些思想界的大咖们，比如说韩非、庄子和孟子等人，都经常会提到一个国家，拿这个国家的老百姓来开涮，这个国家就是宋国。为什么这几位大咖经常拿宋国开玩笑呢？这可能就和宋国的由来很有关系。宋国表面上看起来似乎是周朝的一个诸侯国，但是它的来历却非常不简单，因为它是商王朝的后裔建立的。西周王朝建立以后，还允许其保持天子的礼仪，所以这个国家的老百姓，就经常以正统的礼仪之邦自居，我们很多人都熟悉的那位宋襄公，就是宋国的国君。正因为如此，所以在先秦时代，很多大咖都把宋国当成迂腐的国家，把宋国的老百姓作为自己调侃的对象。

具体来说，孟子通过调侃宋国人讲了这样一个故事，有一个宋国人老担心他种的庄稼禾苗长得不快，于是，就干了一件事，把地里的禾苗通通往高拔一下再培上土，干完这件事回到家里，他气喘吁吁地对家里人说，今天可把我累坏了，不过也没白累，我总算让咱们家地里的禾苗一下子全都长高了！他的儿子听了之后觉得很奇怪，就赶紧跑到他们家的地里去看，结果发现那些被他拔高的禾苗已经全部死了。他的儿子看了之后，觉得又可气又可恨！这个故事初看起来似乎说的是如何种庄稼，实际上却是通过调侃那位宋国人来说明孟子经常提到的一个非常有名的概念，那就是"浩然之气"。而孟子所说的"浩然之气"是一个并不是很好理解的概念，大致可以用"noble spirit"来翻译成英文。这个概念被儒家在后来的历史中继承，"浩然之气"很伟大，但是也很难养成，所以公孙丑就问孟子，有没有什么捷径？这个其实也可以理解，公孙丑之所以这么问实际上和先秦时代中国人的普遍心理有很大关系，在那个时代，虽然没有今天的各种各样的"宝典"和"秘籍"，但是，人们还是普遍希望能够在做事情的过程中找到捷径的，最典型的就是千方百计地寻找神仙，以便获取长生不老之药，获取长生不老之药，这从某种意义上说也是一种寻找捷径的方式。孟子对这种现象非常不以为然，于是就通过讲这个"揠苗助长"的故事告诉他的弟子，养浩然之气是没有什么捷径可走的，不能也不应干这种"揠苗助长"的勾当。"揠苗助长"这个故事很有趣，也留给我们今天的人很多启示。

第二节 欲速则不达，任何客观事物都有其客观规律，违背规律可能就会受到惩罚

我们所生活的这个世界上的万事万物说复杂非常复杂，要说简单也很简单，因为这些事物都遵循一样东西，这样东西就叫作"规律"。任何事物，其运行都有其内在的规律，违背这个规律就难免会受到惩罚。金庸先生是香港著名武侠小说作家，他所著的《倚天屠龙记》中记载了一个父母双亡、自身一度曾经恶疾缠身的孤儿张无忌的成长故事：在习得武功的过程中，有一个桥段非常引人注意，那就是他在和小昭一起被堵在一个洞穴中的时候，阴差阳错误打误撞地得到了先辈留下来的写在羊皮纸上的"乾坤大挪移"武功心法，很多人可能都记住了张无忌最终练成了这门绝世神功，但却有可能忽略了那张记载着绝世武功的羊皮旁边还有几具白骨。即使是注意到了，可能也没有往深里想，那些人为什么没有练成这种绝世武功？这其中的原因，金庸先生其实已经给我们做了暗示，那就是这些人自身的内功修为不够，却想要强行修炼"乾坤大挪移"这门需要特别强大内功支撑的功夫，结果就像一个三岁小孩拿着一位30岁壮汉才能耍得开的大铁锤胡乱挥舞，不把自己砸得头破血流那才怪呢！这个故事非常形象地说明了不能违背自然规律，违背自然规律就有可能会走火入魔受到惩罚！也许有人会

说金庸先生所言毕竟是文学虚构，言外之意是现实生活中这种不顾自然规律而强行揠苗助长的例子并不多见，这样说实在是不了解现实。古代诗人姚思廉曾经记载过这样一个故事，说的是在江西饶州有一个小孩名叫朱天锡，是一个神童，因为聪明很小就被朝廷封了一个官职，此举使得他的左邻右舍的那些为人父母者"争慕之"。于是，这些父母就让自己家的小孩不管天资如何都勒令他们读书，而且"自五六岁即教之《五经》"——从五六岁开始就教他们非常难懂的《五经》，为了避免这些小孩子分身，还把竹篮吊在树梢上让他们坐在里面，以便断绝他们与外界的交流！结果呢，神童没有出现，累死、憋死的小孩子却很多！① 这个真实的故事也从一个侧面说明了不能违背自然规律，否则的话就有可能人财两空！

自然科学研究其实也是如此。中国历史上在两汉之间有一个新朝，新朝的皇帝叫王莽，王莽这个人有人开玩笑说是一个"穿越者"。他曾经让他的手下搞医学研究，把犯人抓来开肠破肚，以便研究犯人的心脏部位和血管的部位，他这个举动被

---

① 青丝：《宋代的神童》，《羊城晚报》2019年12月8日。

当时的史学家记载下来用来说明王莽手下是如何残忍，①但实际上，如果从"穿越者"的角度加以解读，那这应该是作为"穿越者"的王莽在当时想要开展的现代医学研究的一种尝试，他这种尝试如果从现代人的角度看，没觉得有多怪异，当时的人之所以觉得怪异，就是因为它违背了当时人的传统认知和当时的人所了解的客观规律。所以，就受到了历史学家和当时社会公众的普遍谴责。科学传播界其实也是如此，在进行科学传播的过程中不能也不应违背人们认知的基本规律，不能想当然地认为受众应该已经知道，就不向受众提供传播者应该提供的相关背景知识或者背景材料，这样的科学传播是达不到传播科学的目的的。

---

① 蔡辉：《中医史最早的人体解剖由王莽完成，他会是穿越者吗？》，《北京晚报》2020年6月10日。

第三节

要注意「动机」与「效果」之间的有机统一，努力避免从所谓「好」的动机出发而导致不好的结果

　　《战国策》是一部先秦典籍，其中记载了这样一个故事，说的是战国时期，有一年秦国攻打赵国，情况非常危急，赵国不得已只好向齐国求救，齐国答应了，但是有一个条件，那就是一定要让赵国把长安君送到齐国去做质子。所谓"质子"用今天的话说白了就是"人质"，这也不是齐国独出心裁，战国时期，由于各国之间难免会发生各种各样的矛盾冲突，为了避免这种冲突导致双方刀兵相见，于是当时的人们就发明了一种制度设计，就是双方各派各自国家国君的亲人到对方的国家去做人质，我们大家都很熟悉的秦始皇的父亲公子异人就在赵国做过质子，所以齐国提出的这个要求并不过分。但是他们要求的去做质子的这个人是长安君，所以有人就觉得这个要求过分了！这个觉得齐国要求过分的人就是不是别人，正是赵国实际上的最高统治者赵太后。长安君是赵太后的小儿子，也是她最疼爱的人，所以一听到别人想要派他这个心尖宝贝去到国外去做人质，她非常愤怒，凡是来劝说的人都被她一概骂了回去！但是这件事最后还是被一个叫触龙的老先生给办成了。那么，触龙是怎么说服赵太后的呢？其实说起来也很简单，他见到赵太后之后没有讲什么大道理，而是从拉家常开始询问老太后的

身体状况，然后又顺便自贬了一下，接着向赵太后提出了一个请求，就是请求赵太后允许触龙最小的儿子到王宫里边去做黑衣卫士，赵太后觉得这件事实在是个微不足道小事就答应了，并顺便问了一句"你们男子汉大丈夫也疼爱自己的小儿子吗？"触龙回答说，"非常疼爱"，赵太后说，"我们女性对于子女的疼爱胜过你们男人"。触龙听了一本正经地对赵太后说，"我认为，您虽然疼爱长安君，但是比不上疼爱嫁到燕国做王后的女儿！您的女儿当年出嫁前往燕国的时候，您拉着她哭泣，伤心她嫁到远方，但是她出嫁以后，您每次祭祀的时候总是祷告嫁出去的女儿千万不要被赶回来！您这是从长远的角度考虑对女儿真挚的爱啊"！触龙接着问了赵太后一个问题，那就是从这一辈往上推到三代以前，甚至到赵国刚刚建立的时候，赵国的君主子孙到今天仍然被封侯的有没有？赵太后回答说"没有"，触龙说，"不光是赵国没有，而且其他的国家也没有！这些国君的子孙后代不一定不好，他们之所以没有被封侯，只是因为他们地位高却没有功勋，俸禄丰厚却没有功绩！长安君的情况也基本上是如此，您现在疼爱他，给他肥沃的土地和很多的珍宝，但是如果您不趁现在您还在的时候让他建立功勋，一旦您将来与世长辞之后,那他会怎么样呢?所以我认为,您疼爱长安君,不如疼爱嫁到燕国做王后的女儿!"赵太后想了想,觉得触龙说的有道理,于是就听从了触龙的建议,把长安君送到齐国去做质子。这个故事后来以《触龙说赵太后》的篇名被收录到中学语文课本中而广为人知。这个故事非常形象地说明了好的动机并不一定导致好的结果,要追求好的结果,必须将"动机"与"效果"有机结合起来。

科学研究其实也是如此,爱因斯坦晚年曾经对一件事感到非常后悔,这件事就是他当年积极游说当时的美国总统罗斯福抢在纳粹德国之前研发原子弹。爱因斯坦等人的主观动机应该说是好的,那就是想通过研制出原子弹这种武器来避免法西斯分子伤害更多无辜的人。但是他没有想到的是,美国研发出这款新武器之后,拿来当作试验品的是日本长崎和广岛这两座城市。当然,这些被炸死的日本人当中不乏有很多狂热的军国主义分子,但是也不排除其中绝大多数是一般的老百姓。正是因为看到了自己"播下的是龙种,收获的却是跳蚤",所以爱因斯坦晚年感到非常懊悔。

在科学传播界也不乏这方面的案例。当年有一位科普大家曾经写文章说麻雀有非常大的危害,所以导致麻雀被列入当时的"四害"之一,[①]后来证明他这种所谓的"科普"是并不科学的,所以麻雀被从"四害"中剔除出去了。包括但不限于上述这些故事,都从各个不同的侧面告诉我们,一定要特别注意"动机"与"效果"之间的有机统一,努力避免从所谓"好"的动机出发而导致不好的结果。

---

① 郑光路:《一九五八年围剿麻雀的"人民战争"》,《党史文苑》2003年第5期。

第十七章 海市蜃楼

第一节 "海市蜃楼"——一个曾经引发一次著名历史事件的成语

"海市蜃楼"也是个成语,它的出处有很多,最早可以追溯到《史记·天官书》"海旁蜃气像楼台;广野气成宫阙然"。原意是指一种自然现象,现在多用来比喻实际不存在的虚无缥缈的事物。有人说这个成语可以用三"象"来加以概括,这里所说的三"象",第一个就是"想象",至少从先秦时期开始,中国古人就有对于一种未知境界的想象,这种"未知境界"就是传说中神仙居住的地方。古人之所以想象神仙居住的地方,并不是闲得无聊,而是出于对于人的生命终有尽头的一种恐惧,或者是对这种"有生就有死"的宿命的一种抗争。正是基于这种恐惧或这种抗争,所以凡是有能力的统治者都想方设法地想要能够到达那个想象中的地方,去寻找到所谓的"长生不老之药",这种对于长生不老之药的需求就导致了包括但不限于秦始皇等人选派大规模的船队出海去寻找不死之药。[1]有人甚至说,正是因为对于这种虚幻境界的想象,才导致了一些著名的历史事件的发生,比如说,"焚书坑儒"。"焚书坑儒"并不是一个准确地说法,准确的说应该是"焚书坑术",因为

---

[1] 史珍:《秦始皇的长生不老药找到了?》,《科学与文化》2005年第7期。

秦始皇坑的是"术士"或者"方士"！秦始皇为什么要坑这些"术士"或者"方士"呢？原因就在于他们这些人屡屡给秦始皇"画饼"，给他描述了一个想象中仙人居住的地方，那里住的都是用黄金建成的宫殿，那里的人都长生不老。听了这些"术士"或者"方士"鼓动三寸不烂之舌的蛊惑，秦始皇自然就一而再再而三地相信他们，给他们提供了大量的人力、物力、财力，让他们组织船队，出海去寻找仙人和不死之药。

要说这些人一开始的时候也并不完全是在那儿睁着眼睛说瞎话，因为他们这种想象，应该是基于一种幻象，这就是我们要说的第二个"象"，就是"幻象"，这种幻象就是所谓的海市蜃楼。现代科学证明，海市蜃楼是一种光和影的折射，但是古代的人没有这种科学的原理做支撑，所以自然而然地就把这种现象牵强附会说成是仙人居住的地方，唯其遥远，难以抵达，所以才值得投入大量的人力物力财力去寻访，秦始皇也正是听了这些"术士"或者"方士"的蛊惑，所以就派人不断出海，结果连连出海连连无功而返，最后他发现这是一个骗局，于是就勃然大怒，将这些"术士"或者"方士"分批坑杀。直到公元前81年，一个名叫桑弘羊的人为了达到自己的政治目的，才提出秦始皇"坑儒"这一说法，结果使得秦始皇在相当长的一段时间都蒙受了这种"不白之冤"！[1]这我们就暂且不说了。

说完了前两个"象"，我们再来看看第三个"象"，这里所说的第三个"象"也是指"想象"，就是一些文人墨客在基于上述"幻象"展开想象的翅膀而创作出来的各种各样的诗歌和文章。其中比较有名的像唐代大诗人白居易写的《长恨歌》里边的"忽闻海上有仙山，山在虚无缥缈间"，像宋代大科学家沈括在《梦溪笔谈》里边写的"海市"，还有明朝一个很有名的爱国将领袁可立专门写的那首很有名的《观海市》的诗歌，其中"须臾蜃气吐，岛屿失恒踪。茫茫浩波里，突忽起崇墉。坦隅迥如削，瑞采郁葱葱。阿阁叠飞槛，烟霄直荡胸。遥岑相映带，变幻纷不同。峭壁成广阜，平峦秀奇峰。高下时翻覆，分合瞬息中。云林荫琦坷，阳麓焕丹丛。浮屠相对峙，峥嵘信鬼工。村落敷洲渚，断岸驾长虹。人物出没间，罔辨色与

---

[1] 霍然:《秦代焚书坑儒事件本末辨析》,《杭州电子科技大学学报(社会科学版)》2021年第6期。

空"。那几句将"海市蜃楼"的景象描写得很是活灵活现,[①]包括但不限于上述这些都从各个不同的角度给人们用形象思维的语言描绘了这种在当时人们的科技知识储备难以理解的一种自然界的现象,留下了很多美丽的故事与传说,而且还给我们留下了很多宝贵的启示。

---

① 盛伟:《蒲松龄与崂山宗教文化》,《蒲松龄研究》2015年第2期。

第二节

要充分认识到人类的认识有一个不断深化的过程，不能也不应因为"今是"而简单地否定"昨非"

就像人类其他的认识一样，对于海市蜃楼的认识，是有一个不断深化的过程的。我们不能也不应因为今天我们通过科学知识来科学地解释了海市蜃楼的成因，就简单地否定古人关于"海市蜃楼"的带有神话色彩的解释，比如说"以蜃为大蛤，月令所谓雉入大海为蜃是也。或以为蛇所化"。陶渊明在《归去来辞》有一句"觉今是而昨非"，我们在现实生活中应当完整准确地理解"今是"与"昨非"之间的关系。在笔者看来，"今是"其实往往是建立在"昨非"的基础之上的，今天很多科学的解释，往往都是对于以往人们相关认识的一种深化。

"二十四孝"是中国传统道德教化文本。其中有一个故事叫作"啮指痛心"，故事的主人公是曾子，曾子是人们对曾参的尊称，他是孔子的著名弟子之一，不仅亲自主持《论语》的编辑整理工作，而且还亲自编撰了《大学》和《礼记》这两部重要的儒家经典。他曾经留下过很多名言，比如说"吾日三省吾身——为人谋而不忠乎？与朋友交而不信乎？传不习乎？""士不可以不弘毅，任重而道远。仁以为己任，不亦重乎？死而后已，不亦远乎"，等等，孔子生前对他也是非常器重和欣赏的。所以在临终之前，孔子非常郑重地将他叫到身边，对他进行了托孤，把孔子唯一的儿子孔鲤的儿子，也就是孔子的孙子子思托付给曾子，而子思后来又收了一个学生，这个学生就是孟子。所以从这个意义上说，曾子帮助孔子延续了他的思想，使得儒家因为孔子和孟子一以贯之，成为独立于法家、道家、兵家等的一个独立的门派，而且曾子这个人是非常孝顺的大孝子，有一次出门在外，他的朋友突然到他的家里拜访，他的母亲见他没有在家，很着急。那个时候又没有现代的通信工具，既没有手机也没有电话，怎么办呢？他的母亲情急之下就狠狠地咬了一下自己的手指头，结果呢，非常神奇的一幕出现了，很远之外的曾子在母亲咬手指的时候，竟然突然心里边感到一阵阵疼痛，他觉得可能是家里有什么事，母亲要他回家，于是日夜兼程地赶回到家里。回到家，他的母亲对他说，因为你的朋友来家里，找不见你很着急，于是我就咬了一下子自己的手指头，这件事被人们记载下来，作为"二十四孝"里边的一"孝"，即"啮指痛心"。[1]以往人们在解读"二十四孝"

---

[1] 徐徐：《中国二十四孝经典民间故事之曾参啮指痛心》，《初中生之友》2015年第10期。

的时候，往往都认为"啮指痛心"属于所谓的"心灵感应"，是所谓的封建迷信。但是，最近几年有一门科学在国际上非常流行，这门科学叫量子力学。量子力学里边有一个理论叫"量子纠缠"理论，量子纠缠理论的核心就是两个量子之间不管相隔多远，一个发生变化，另外一个也要随之受影响，这实际上就是科学版的"心灵感应"。[①]用这个理论可以非常完美地解释当年曾子和他母亲之间的心灵感应。我们不能也不应因为有了今天的量子纠缠理论，就简单地嘲笑说古人对"啮指痛心"的解释是所谓的封建迷信。

哥白尼是意大利一个非常有名的科学家，他一生最大的学术贡献就是提出"日心说"，就是主张太阳是宇宙的中心，后来的科学研究证明，太阳充其量只是太阳系的核心，而不可能是宇宙的核心，但是我们不能也不应因为有了后来的科学发现，就对当年的哥白尼进行简单粗暴的否定，如果那样做，很可能就会像佛教《百喻经》里边的那个"痴汉"吃饼一样，因

---

① 张文娟、王庆奖：《基于量子纠缠理论的跨文化信息传播探究》，《昆明理工大学学报(社会科学版)》2017年第2期。

为吃第六张半饼饱了，所以就觉得前边吃的那六张饼是没有任何必要的。

　　科学传播界也是如此，我们对一些科学传播大家早期、中期、晚期的科学传播作品，也必须用历史的眼光加以看待，不能也不应因为后来的科学发展证明某些科学传播大家早期的科学传播作品存在着一些不合乎现在科学之处，就简单地对他们加以简单粗暴的否定，恰如东晋有名思想家王羲之在《兰亭集序》中所说"后之视今，亦犹今之视昔"！

第三节 不能因为"明天"即将到来，就在"今天"无所作为

按照某一位外国学者的观点，人类生活在一个自己通过所谓的"认知革命"而建构出来的时空维度里。时间具有一维性流动的特点，"明天"代替"今天"乃是一个无法回避的现实。但这并不意味着人们因为"明天"终将代替"今天"就可以在"今天"无所作为。

金庸先生在《笑傲江湖》一书中讲述了这样一个故事，说的是该书的主人公令狐冲在一次公开活动中当众拒绝了魔教教主任我行延揽他率领整个恒山派加入魔教的邀请，并且公开嘲笑了任我行，让任我行感觉到非常没有面子。于是，下了战表，让令狐冲率领恒山派回到恒山，一个月之后，他任我行要率领日月神教打上恒山，让恒山派鸡犬不留。此时的令狐冲身上还残留着桃谷六仙和不戒和尚误打误撞输进去的八股"真气"，这些"真气"互相冲撞，使得令狐冲常常感觉到生不如死，风太师叔传授给他的"独孤九剑"难以施展，再加上魔教里边好手甚多，人多势众，令狐冲觉得怎样都难逃一死，所以回到恒山之后，他立刻就开始放浪形骸起来，既不督促恒山派弟子勤练武功，也不约束那些慕名前来的各路英雄豪杰加强戒备，而是整天饮酒高乐，这种情况其实是非常危险的！金庸先

生巧借这部作品中的两位正面形象的主人公少林派方证大师和武当派冲虚道长之口，对令狐冲的这种无所作为、自甘暴弃的行为进行了批评，然后少林派方证大师又假借风太师叔的名义传授令狐冲少林派的独门内功心法《易筋经》，帮助他疗治好伤痛，而武当派和少林派集结的各路正派高手也齐聚恒山脚下，为即将到来的正派和魔教反派之间的生死一搏做了充分而必要的准备，后来虽然由于任我行的突然死亡，这样的巅峰对决没有出现，但是，有备则无患，假如没有方证大师和冲虚道长等人的积极准备，那么以恒山派为代表的正义之士很有可能就会被以任我行为首的魔教剿灭！所以，令狐冲一开始时的不作为不仅是对其自身的不负责任，而且也是对侠义道中人的一种不负责任。千万不要以为令狐冲的这种因为有些事情不可避免，所以当下就无所作为的举动只是存留在虚构的文学作品中，在历史上其实也是有很多这样的例子的。

有些朋友可能听说过"虎狼屯于阶陛，尚谈因果"这个典故，这个典故说的是一段真实的历史。故事的主人公叫作萧衍，萧衍是南北朝时期南朝梁朝的开国皇帝，此人曾经创造过很多纪录。比如说，他是中国历史上为数不多的几个活过80

岁的皇帝，也是最信佛的皇帝，他一生曾经三次舍身出家，然后让他手下的大臣动用国家的财产向佛寺交赎身钱把他赎回。这个人一生所犯的最大的错误之一，就是收留了来自敌国的一个叛将侯景。侯景这个人是脑后生有反骨的。来到梁朝以后，他不仅没有对收留他的梁武帝萧衍感恩戴德，反倒想方设法想要反叛梁武帝。而萧衍本人却坐看侯景羽翼丰满，而自身没有任何作为，只是和手下的大臣们一起探讨佛教的原理，结果被侯景包围，饿死在皇宫里面。①因此被林黛玉嘲讽为"虎狼屯于阶陛，尚谈因果"！

科学研究领域也有很多这样的例子。有很多人在18世纪的时候，因为有了牛顿的经典力学，就认为物理学的研究已经到了终点了，所以就没有必要再开展相关的研究了！如果不是因为爱因斯坦提出狭义相对论和广义相对论，那么人类的自然科学探索的脚步很可能就停留在牛顿的古典力学那里！②科学

---

① 胡晓明：《侯景之乱：南京历史上一场原可避免的浩劫》，《唯实》2015年第3期。

② 张红卫：《从牛顿、康德到爱因斯坦——谈近代自然观的发展》，《河南教育学院学报（自然科学版）》2002年第4期。

传播也是如此，我们不能也不应因为"明天"的科学传播会比"今天"的好，而就在"今天"无所作为，哪怕"今天"传播的东西可能会被"明天"的最新研究结论所取代！

第十八章 老马识途

第一节 "老马识途"一个使得管仲避免提前成为"李广"的成语

"老马识途"也是一个成语。这个成语最早的出处是先秦典籍《韩非子·说林上》。有人将这个成语故事与历史上的另外一位人物李广联系起来，说这个成语中的主人公因为成功运用了自身所储备的生活常识避免使他自己提前成为"李广"！这又是怎么回事呢？话还得从这个故事的主人公管仲说起。

管仲是春秋时期著名的政治家和经济学家，因为辅佐齐桓公匡扶正义而被孔子点赞，说"微管仲，吾其被发左衽矣"。但是这个人在笔者看来是一个"私德有亏"的人。我们都知道，"忠"和"义"早在先秦时代就已经成为很多人共同遵循的价值观。我们可能很多人都听说过豫让的故事，豫让这个人本来是一个默默无闻的武士。他曾经的主公智伯在晋出公二十二年（公元前453年）的时候被一个名叫赵襄子的人所害，豫让为了替他的主公报仇，不惜自我毁容，而且弄坏了自己的喉咙，使自己变成了一个面目如鬼、喉咙发不出声音的哑巴，然后去接近赵襄子，先后几次以身犯险，最后虽然没有成功，但是，却给当时乃至其后的中国人树立了一个"从一而终"的忠义典范！与豫让相比，在"从一而终"方面管仲实在是让人不敢恭维，他原本追随的是一个叫公子纠的齐国公子，这位公子纠与另外一位名叫公子小白的齐国公子争夺齐国国君的宝座，失败被杀，按照豫让的价值观，管仲是应该跟着公子纠一起死的，但是呢，他却没有任何心理障碍地转身投到了他主公的死对头公子小白的麾下，这至少在私德方面是有亏的。管仲另外一个被人所诟病的"私德有亏"是他这个人曾经作为一名士兵在战场上当过逃兵，尽管后人用他的好朋友鲍叔牙的话给他"洗白"，说他之所以当逃兵是因为他家里还有一个80岁的老娘需要尽孝，[1]但是在"忠孝不能两全"，应该"先忠后孝"的语境中，管仲的这种行为无疑是要受到人们诟病的！说起来很有意思，管仲这个人自己争狠斗勇不行，但领兵打仗却是一把好手。公元前664年，当时北方的一个少数民族山戎入侵燕国，燕国向齐国当时的国君齐桓公，也就是前面我们提到的那位公子小白去求救，齐桓公就带着管仲和一位叫隰朋的人，率领军队去帮助燕国驱逐了山戎，顺便还灭掉了和山戎紧邻的孤竹国，在班师回国的途中呢，遇到了一个大麻烦，迷路了。迷路

---

[1] 叶蓓卿：《齐桓公与管仲、鲍叔牙之间不得不说的故事》，《中学生》2009年第4期。

在今天已经很少见了，因为今天我们有北斗定位系统，有GPS定位系统，还有各种各样的问询工具，尤其是我们还有华为最新款的具有卫星通话功能的手机！最不济我们也可以问一问附近的人。而当时齐桓公、管仲还有隰朋率领的这支齐国军队属于远征军，从他们的国家现在的山东淄博一带来到了当时的山戎国所在地，就是今天河北省卢龙县一带。这两地的距离用现代的眼光来看，简直可以忽略不计，因为坐飞机可能用不了一个小时，高铁也很快，而管仲所生活的那个时代，可是既没有北斗导航，又没有GPS的，何况所经之地人烟也很稀少，想找个人当向导都没有可能。这种情况下迷路就是一个比较可怕的事情。看到这里，可能有朋友觉得说这迷路有什么可怕的，最不济也就是多徘徊几日，最终总能找到一条正确的道路然后到达目的地。说这种话的朋友可能并不了解古代的情况，因为古代的行军打仗是有一定的时间要求的，因为迷路不能按时到达，就有可能会受到严厉的惩罚。我们前边提到的那位李广就是一个例子。李广是西汉时期一个非常有名的将领，此人不仅有一身好武功，射得一手好箭，而且打仗的时候也身先士卒，具有一定的统军才能，被当时的人称为"飞将军"，匈奴人对他非常害怕，但是这个人却生不逢时，所以一生没有被封侯。这一点引起了其后无数大咖的慨叹。比如说南宋一位很有名的诗人刘克庄，在一首词中就写道，"使李将军，遇高皇帝，万户侯何足道哉？！"初唐四杰之一的王勃在那篇非常有名的《滕王阁序》中也曾经不无遗憾地写道，"冯唐易老，李广难封！"其实，封不封侯可能还不是大事，李广却因为一件在今天的人看来微不足道的小事而被迫丢掉了宝贵的生命。这件小事就是迷路：公元前192年他随大将军卫青一起北上讨伐匈奴，在行军的途中因为迷路没有按时到达，所以受到了卫青的严厉惩罚。李广自尊心很强，竟然因为迷路而自杀。所以，回过头来我们再看管仲，假如说他没有很快从迷路的窘境中走出去，那很有可能他就会提前成为第二个"李广"，或者说是李广之前的"李广"。但管仲就是管仲！就在全军惊慌失措的时候，管仲的生活智慧帮了他的忙，他对身边的人说，我们可以找几匹老马，我听说老马都能够非常敏锐地自己找回家去，所以我们不妨把这些老马放在前面，我们跟在它们后面慢慢行军，就有可能准确地找到我们回家的方向，从而到达我们的目的地。事实情况也的确如此。借助这几匹老马的帮助，管仲等人带领这支迷路的齐国军队，最后终于回到了齐国，这件事被韩非子记录下来，并被精炼成四个字的成语，这就是"老马识途"的由来，[①]一般用来指"有经验的人对事情比较熟悉"。韩非子不仅给我们讲述了一个美丽的故事，而且这个故事也留给我们很多宝贵的启示。

[①] 秦美珠：《管仲：老马识途》，《新读写》2020年第1期。

第二节

要敢于摒弃"人是万物之灵长"的固化观念，善于发现动物的优点并且勇于向它们学习

在相当长的时间里，由于种种原因，人们对于动物往往具有一种居高临下式的偏见。认为人是万物之灵长，而动物只不过是处于人类鄙视链的最末端而已。这种想法是要不得的。中国古人早就注意到了动物的一些优点。比如说有人曾经总结作为狗的动物，至少有以下这样几种美德：一是见到主人摇尾巴，有礼貌；二是见到盗贼而扑咬，有勇气；三是见到危险而知道保护主人，很忠心；四是知道寻找猎物给主人，很仗义；五是能够嗅味而寻踪，有智慧。因为说这话的人被附会成是清代有名的大奸臣和珅，所以很多人会觉得这段话是无稽之谈。

其实，在中国古代，有些睿智者确实能够发现动物的一些美德。比如说汉代韩婴所著的《韩诗外传》中就特别提到了鸡有五德，这五德是："头戴冠者，文也；足傅距者，武也；敌在前敢斗者，勇也；见食相呼者，仁也；守时不失者，信也。"[①] 如果说包括但不限于上述这些都还是一般的泛泛而论的话，那么不妨回到"老马识途"这个成语故事本身，很多人知道的往往只是这个故事的一半，其实这个故事还有另外一

---

① 尹常纪：《"鸡有五德"随想》，《中国党政干部论坛》1995年第1期。

半，这另外一半说的是管仲成功地依靠老马识途，帮助齐国军队走出迷路的窘境之后，齐国军队又遇到了一个新的大麻烦，那就是缺乏饮用水。没有水喝在今天的人看来可能无所谓，但是在中国古代，尤其是大部队行军打仗的时候，如果没有水喝，那很可能会导致军心大乱，甚至出现不战而败的情况！很多人可能都听说过"诸葛亮挥泪斩马谡"的故事。诸葛亮之所以要"挥泪斩马谡"，是因为马谡打了败仗，马谡为什么会打败仗？是因为他率领的那支蜀国军队安营扎寨在一座没有水源的山上，而魏军正是瞧准了这一点，所以切断了蜀军的水源，没有饮用水蜀国的军队军心大乱，不战而溃。

　　这种情况，还有另外一个例子，在明朝末年，李自成率领的农民军和朝廷的官军曾经在河南一个叫朱仙镇的地方有过一场巅峰对决。当时李自成的农民军打胜了，之所以打胜，并不是说他有什么绝对的实力，而是因为他提前占据了朱仙镇附近贾鲁河的上游，断绝了官军的饮用水来源，使得几十万官军因为没有饮用水喝而不战自溃，导致明军大败亏输！由此可见，没有饮用水喝，对于一支军队来说，那是非常严重的事情。所以管仲等人率领的这支齐国军队在找不到饮用水的时候也很慌乱，这个时候，我们前面提到的一个人物隰朋就站出来了，他对身边的人说，不要慌，我们可以向蚂蚁学习。据我所知，蚂蚁有个特点，那就是冬天在山的南面筑窝，夏天在山的北面筑窝，蚂蚁筑窝的地方往下挖八尺深就会有水，你们可以按照我这个思路去找一找，齐国军队按照隰朋的这个说法，很快就找到了饮用水，齐国军队于是军心大安，最后顺利地回到了齐国。① 这个故事从一个侧面说明了承认动物的优点非常重要。

其实，在科学研究领域向动物学习也是一个非常普遍的现象，且不说西方，我们就说说中国，大家都知道运动养生今天已经被视为是一门科学。运动养生里边有一套功法，叫作"五禽戏"，"五禽戏"的发明者是华佗，华佗在《庄子》"二禽戏"的基础上发明了五禽戏。所谓五禽戏，就是华佗在观察虎、鹿、熊、猿、鸟这五种动物运动的特点的基础之上结合自己的思考发明出来的一套运动健身功法。据说有人练"五禽戏"，年过 90 还"耳目聪明，齿牙完坚"。由此可见在科学研究领域向动物学习也是非常有好处的。

---

① 谢顺乾：《巧寻水源的齐国大夫》，《人才资源开发》2019 年第 24 期。

其实，科学传播领域也是如此。2018年9月，美国一家出版社推出了美国著名科普作家蒙哥马利女士撰写的一本科学传播方面的专著，这本书的书名是《如何做一个好的造物：关于13种动物的回忆》，这本书里面，这位著名的科学传播工作者蒙哥马利女士就认为动物有很多优点，非常值得人类学习。在她看来，向动物学习，承认动物的优点，是成为一个合格的科学传播工作者的先决条件之一。

第三节

不但要善于发现动物本身的优点，而且还应利用它们这些优点来为人类更好地服务

　　荀子在《劝学篇》中曾经说过，聪明的人是善于借助外物来为自己服务的人。我们从"老马识途"这个成语典故中所应得到的启示，绝不仅仅是要承认动物的优点，而是要利用它们的这些优点，向它们学习，更好地为人类服务。

　　不妨跟大家分享一个"飞奴"的故事。这个故事与唐代一个名叫张九龄的人有关，张九龄这个人可能有些人不一定很熟悉，但是"海上生明月，天涯共此时"这两句诗大家应该不陌生，这两句诗的作者就是张九龄。据说张九龄年轻的时候非常渴望与远方的亲人们保持经常性的联系，但是在那个时代，既没有手机，也没有座机，即使是我们今天习以为常的快捷的邮政系统也不存在。为了解决远程通信问题，他驯养了几只信鸽，据《开元天宝遗事》一书记载，张九龄经常把他想要写给远方亲人的话写在一张纸缠在驯养的信鸽腿上，然后放飞鸽子，鸽子自然而然地就把他的书信带给远方的亲人，返程时就把远方亲人的祝福和问候也带回给他，张九龄还给这些信鸽起了一个颇具浪漫色彩的名字叫作"飞奴"。[①] 当然了，驯养鸽子为人所用，也要用到正地方。

---

① 王世襄：《彩毫尺素写飞奴——记清宫鸽谱四种》，《故宫博物院院刊》1999年第1期。

如果仅仅是被一些有钱又有闲的人当作休闲娱乐的工具，那可能它的用途就要大打折扣了。不幸的是，从宋代以后，鸽子就经常被一些达官贵人们当成一种休闲娱乐的工具。最典型的就是南宋的开国皇帝宋高宗赵构。据说赵构其人有驯养鸽子并放飞取乐的爱好，而且为此耗费了大量的人力物力，所以就遭到了当时一群太学生们的嘲讽，他们写诗嘲讽他说，"万鸽飞翔绕帝都，朝昏收放费功夫。何如养取云边雁，沙漠能传二圣书"。如果把鸽子驯养后用于保家卫国，那应当是很不错的，但是可惜的是，宋朝没有这样做，反倒是异族建立的西夏政权却用驯养的鸽子来取得对宋朝作战的好水川之战的胜利。好水川之战发生在北宋庆历元年，当时，西夏帝国的开国皇帝李元昊大举进攻北宋，与他敌对的是宋朝的韩琦，韩琦原本给当时的前敌总指挥任福下命令说如果不能作战，就据险设伏，断西夏军队的后路，但是任福并没有往心里去，结果被西夏军队假装打败仗引诱到六盘山脚下的好水川，到了这个好水川之后，西夏军队为了准确判断宋朝军队是不是中计，于是就在路旁放了几个银制的盒子，盒子里面放了一些鸽子。当时北宋的军队对这些银制的盒子爱不释手，打开一看，那里面鸽子就扑棱棱飞上天了，这些鸽子实际上就是给西夏的军队发出了作战命令。西夏军队在李元昊的带领下对北宋军队进行了夹击，使得宋军大败亏输，噩耗传到北宋的首都汴梁，宋仁宗接连好几天吃不下去饭。① 由此可见，同样一件事，同样是对动物的某些特殊才能的模仿，如果往正确的方向使用是一回事儿，如果没有用到正确的地方，那又是另外一回事了，这方面的经验和教训是值得充分汲取的！

在科学研究领域，很多科学家也是通过向动物学习而使得自己的科学研究获得突飞猛进的发展的。比如说潜水艇的下沉和上浮问题就是向鱼类学习，从鱼的鱼鳔中获得启发而得到解决的，早期飞机在快速飞行的时候往往有一个很大的问题就是震颤，后来科学研究工作者通过向蜻蜓学习解决了这个问题，因此，在科学研究领域专门有一门学科叫作"仿生学"。

科学传播领域也是如此，在进行科学传播的时候，有时需要同时呈现成百上千幅同样的图片，有关人员通过解剖苍蝇，发现苍蝇一只眼里有 3000 多只小眼，于是就仿照这个原理发明了一种相机，叫作蝇眼相机，这种相机可以同时拍下成百上千张相同的照片，② 很完美地解决了科学传播中的相关需要问题。

---

① 李琛：《从李元昊对情报的利用看西夏对宋三场战争的胜利》，《军事历史》2007 年第 3 期。

② 周超：《苍蝇与蝇眼相机》，《小雪花（小学快乐作文）》2009 年第 10 期。

第十九章 顾影自怜

第一节

「顾影自怜」一个充分折射了一位名门后代隐秘心理的成语

"顾影自怜"也是一个成语,这个成语出自西晋时代的一位名人后代之口,是从他写作的一首诗中的一句话演变而来的。有人说,这个成语折射了一个非常有名的名门后代的非常隐秘的心理。这话中的那位名门之后叫作陆机。陆机可能有些人不是很熟悉,但是,刘备这个人大家应该都很熟悉吧,看到这里,可能有的朋友忍不住就要吐槽了,说您说的是陆机,他和刘备有什么关系呀?初看起来,陆机和刘备确实没有什么关系,但是,刘备却和一位叫陆逊的人很有关系。有人说,曹操一生最危险的敌人是周瑜和诸葛亮,而刘备一生最危险的敌人就是陆逊。正是这位陆逊,在当年刘备倾举国之力率领大军气势汹汹前来的时候,采用坚壁清野的战略,最后火烧连营 700 里,使得刘备大败亏输,兵败白帝城,出师未捷身先死,不得不在白帝城把自己的儿子刘禅托孤给诸葛亮。这位陆逊就是陆机的祖父,陆机的父亲也很有名,他的父亲叫作陆抗,在陆逊死后曾经帮助陆逊洗清生前的不白之冤。陆机本人同样也很有名,和他的弟弟陆云一起被称为"二陆"。公元 280 年,晋武帝司马炎派军队通过在上游发兵的策略，使得"千寻铁锁沉江底，一片降幡出石头"，一举灭掉了吴国，吴国被灭之后，陆机接到了来自北方朝廷的一封信函，邀请他前往西晋的首都洛阳，面对这样的邀请，陆机初看起来好像只有一种选择，就是必须应招前往，但实际上他还可以有另外一种选择，就是坚辞不就。和他同时代的另外一位名叫李密的人就这样做了，这位李密和隋末唐初的那位李密不是一个人，这位李密在蜀汉帝国也很有名气，蜀国被灭之后，也接到了来自北方朝廷的延揽，但是他却写了一封声情并茂的信，以"臣无祖母，无以至今日；祖母无臣，无以终余年。母、孙二人，更相为命"为辞，婉言谢绝了来自北方朝廷功名利禄的诱惑。而与李密相比，陆机未免有些逊色了，他虽然心里边可能有一些抗拒，但是最终还是选择了踏上前往他的先辈们曾经一直拼死抵抗的那个敌国首都的旅程，正是在这个旅程的过程中，他写了一首题为《赴洛道中作》的诗，其中有"虎啸深谷底，鸡鸣高树巅。哀风中夜流，孤兽更我前。悲情触物感，沉思郁缠绵。伫立望故乡，顾影凄自怜"这样的句子，① 很明显，"顾影自怜"就出自这首诗。纵观这首诗。我们不难发现陆机那种"既想干坏事儿又想落好名声"的复杂矛盾的隐秘心理，这样说这不是在抹黑陆机，纵观其一生，他确实是经不住名利诱惑的！当时的晋国，皇帝司马衷是个傻子，朝政被又黑又丑又好色的皇后贾南风把持，为了替贾南风"洗白"，贾南风的侄子贾谧等外戚不惜花重金延揽一群所谓的"名士"结成"二十四友"，陆机就是其中之一，由此可见，与他的父亲以及他的爷爷相比，陆机确实是差得太远！后来，陆机更是因为经不住诱惑，卷入了"八王之乱"，最后不仅自己被杀，而且还连带家人都因此身首异处！② 了解了陆机的这种性格，回过头再看前面提到的那首诗里所展现出来的内容，我们就不难发现，"顾影自怜"这

---

① 顾农：《陆机生平著作考辨三题》，《清华大学学报(哲学社会科学版)》2005年第4期。
② 顾农：《陆机生平著作考辨三题》，《清华大学学报(哲学社会科学版)》2005年第4期。

个成语确实揭示了陆机这个名门之后"既想当婊子又想立牌坊"的那种非常隐秘的心理，当然了，这个成语也留给我们今天的人以很多启示。

第二节

如果长期被消极的心理情绪所控制，将可能会影响到人的生活质量，甚至进而有可能影响到人的健康长寿

心理学的研究表明，人的情绪从总体上可以大致分成两类，一类是积极的心理情绪，一类是消极的心理情绪。其中消极的心理情绪是一种不良的心理情绪。人短时间有这种情绪不要紧，但如果长时间被这种心理情绪所控制，那很有可能会影响到这个人的生活质量，进而甚至有可能影响到其健康长寿。林黛玉是曹雪芹名著《红楼梦》中的女主角。如果论起物质生活来，那她应当属于《红楼梦》中的大观园里最好的那一批人，享有非常优越的生活。住在花费重金修建成的潇湘馆中，无论吃穿用度，都是比照着贾府最上等的主人，但是如果论起生活质量来，她却可能连贾府最底层的一些下人都不如！我这里所说的生活质量当然指的是心里愉快与否。如果用一个关键词来概括林黛玉的生活质量的话，那就是"愁"。在那首题为《葬花吟》的诗中，她这样写道"闺中女儿惜春暮，愁绪满怀无释处""花开易见落难寻，阶前愁杀葬花人"，虽然生活在锦衣玉食的物质生活环境中，但是她的内心却是一直被非常消极的心理情绪所主导甚至所控制，这种情况不仅导致她总是以泪洗面，而且最终导致她很小就香消玉殒，撒手人寰！如果说林黛玉只是曹雪芹先生笔下虚构的文学人物，那么，真实历史

上这样的人还是屡见不鲜的，比如说唐代的那个很有名的鬼才李贺，还有清代那个很有名的大才子纳兰成德，纳兰成德这个名字，可能很多人不是很熟悉，但是他还有另外一个名字，叫纳兰性德或者纳兰容若。提起这个人，肯定很多人都很熟悉他的那两句诗"人生若只如初见，何事秋风悲画扇"，因为被无数穿越网文、小爽文所引用，有些人可能会想当然地认为这位纳兰公子肯定生活得非常幸福。的确，如果从物质生活角度加以考量，如果说他的生活不幸福，那他的同时代人就没有几个人敢说自己幸福了，因为纳兰性德的父亲是康熙王朝一个很有名的权臣叫作纳兰明珠，而纳兰性德本人又是天纵英才，诗词写得非常好，加上曾经有过一段非常美满的婚姻，但是，他却很早就与世长辞。很早就与世长辞的原因有很多，其中很重要的一个就是他因为爱妻很早就撒手人寰而一直处于悲伤痛苦之中，一直被消极的心理情绪所控制，我们可以从他的很多诗词创作中窥见这一点，像其中有名的"残雪凝辉冷画屏，落梅横笛已三更，更无人处月胧明。我是人间惆怅客，知君何事泪纵横，断肠声里忆平生"。就是这种非正常心理的一种文学化的反映，正是由于这种消极的心理情绪一直主导着他，控制了他，所以他30岁就撒手人寰，与世长辞了！①

其实，岂止是文学界人物，科学界很多科学家英年早逝，也是因为他们被消极的心理情绪所控制，具体来说就是因为抑郁症而撒手人寰。据2018年12月6日《文汇报》报道，美籍华裔科学家张首晟因抑郁症而自杀身亡，享年55岁。"尼龙"是世界上第一种人工合成纤维，它的发明者是美国科学家华莱士·休谟·卡罗瑟斯，后者却在做出不朽的成绩之后，由于遇上了所谓的"发明家的瓶颈"而患上了抑郁症，使得他在1937年服毒自杀，当时他只有41岁。玻耳兹曼是意大利的著名科学家，他把统计学的思想引入分子运动论，得到了一个关于"时间不对称"的演化方程，即玻耳兹曼方程，就是这样一位才华横溢的科学家也以自杀的方式结束了自己的生命。②在科学传播领域，如果相关行为主体在进行科学传播的过程中，受到这种消极的心理情绪所控制，那也极有可能会影响到他们的创作，甚至影响到他们的生命。

---

① 陈子彬：《纳兰性德的家世和生平简介》，《承德师专学报》1985年第4期。
② 钟素梅：《一个科学家的自杀》，《大科技（科学之谜）》2002年第6期。

第三节 与其『新亭对泣』，不如『闻鸡起舞』

毋庸讳言，顾影自怜乃是一种消极的心理情绪，如果被这种消极的心理情绪所长期控制，那么就有可能会出现原本不想见到的情况。为了避免这种情况的出现，就应该奋发有为。这里不妨跟大家先分享两个故事，故事之一叫作"新亭对泣"，这个故事说的是在西晋永嘉之乱以后，衣冠南渡过长江，渡过长江的一些读书人总是感觉有一些陆机当年前往北方的感觉，所以，经常隐隐有顾影自怜之感。当然，他们这种顾影自怜并不是一个人在那里暗暗伤感，而是很多人聚集在一起任由这种消极的心理情绪一起"野蛮生长"。有一次，在一个叫新亭的地方，几个从江北渡江而来的大咖聚在一起，看到周边的景色，不由想起远在长江以北的家乡，所以忍不住发出了"风景不殊，正自有山河之异！"的感慨，然后就痛哭流涕，他们的这种消极心理情绪，如果任其滋长，那肯定是不利于偏安一隅的东晋小朝廷的生存与可持续发展的。这个时候，一个名叫王导的人站出来厉声呵斥他们说，"当共戮力王室，克复神州，何至作楚囚相对泣邪？"——在座的各位更应当积极进取，报效国家，还我山河，怎么应该像楚囚那样相对流泪呢？！这就是"新亭对泣"这一成语典故的由来。其实，在当时的东晋，在不如人意的语境中，仍然能够奋发有为的人，并不仅仅只有王导一个，还有一个叫作祖逖的人也非常了不起。祖逖是东晋时期杰出的军事家、民族英雄，他也是从江北过来的读书人，面对的环境与"新亭对泣"的那些人没有什么不同，但他却生性豁达，不拘小节，轻财重义，为了收复故土，他勤练武功，每天早晨刚一听到鸡叫，就立刻起床到外面去练习武功，留下了"闻鸡起舞"这个典故。后来，他又散尽家财，组织了一支军队，收复了黄河以北大片国土，使得灭亡西晋的后赵帝国皇帝石勒不敢南侵，虽然没有完成统一大业，但他留下来的"闻鸡起舞"这个成语却鼓舞了无数后来的中国人。[1]有人写诗咏叹道"策马行行到豫州，祖生寂寞水空流。当时更有三年寿，石勒寻为阶下囚"。

其实，在科学研究领域有很多专家学者，他们在进行科学研究的过程中，面对的往往不都是掌声和鲜花，比如说"两弹一星"元勋中的很多人当年都是冒着相当大的危险从国外回到国内的，而且回到国内以后不久又赶上了三年自然灾害，后来

---

[1] 郭文峰：《祖逖北伐》，《小学生必读（中年级版）》2018年第6期。

又赶上了十年动乱，如果像陆机那样"顾影自怜"，或者像"新亭对泣"中的那些来自江北的读书人那样"对泣"的话，那么我们就不会有巍然屹立于世界民族之林的国防实力，而包括但不限于邓稼先、于敏等在内的一大批"两弹一星"元勋们，却在天灾和人祸构成的那些不理想的语境中奋发有为，克服各种困难，历经艰难险阻，最终成功研制出了原子弹、氢弹，还有导弹，使我们中国可以有底气屹立于世界民族之林，不惧来自美西方的核讹诈！

科学传播领域也是如此，有很多科学传播大家，他们一生中也经历过各种各样的困难。在面对这些困难的时候，不排除有些人可能忍不住顾影自怜，但是更多的人却奋发有为，撰写了很多有一定影响力的科学传播作品，使得他们不仅自我超越困境，而且还能够将科学精神传播给更多的国人，这都是非常值得提倡和肯定的！

第二十章 雁过留声

第一节 「雁过留声」——一个充满皇帝忏悔的爱情故事衍生出来的成语

"雁过留声"也是一个成语,这个成语出自元代杂剧大家马致远的《汉宫秋》,有人说这个成语背后有一个充满皇帝忏悔的爱情故事,故事的主角有三个,分别是汉元帝、王昭君和毛延寿。故事大意说的是西汉时,为了在北方获得和平的环境,汉朝皇帝汉元帝刘奭采取了"嫁女求和"的策略,就是在宫中选派一位宫女下嫁给当时的南匈奴首领呼韩邪单于,以便换取边境上的和平,于是选中了一位名叫王昭君的宫女。熟悉中国古代历史的朋友想必都知道王昭君与西施、赵飞燕、杨玉环被认为是中国古代的"四大美女",在中国古代,美女往往和"红颜"联系在一起,可以组成"红颜祸水",也可以组成"红颜薄命"。"四大美女"另外的三大美女,无论是西施还是赵飞燕,抑或是杨玉环,她们其实都是更像是"红颜祸水",而王昭君,因为她本身不但没有对汉民族的国家构成任何危害,反倒以一个弱女子远嫁匈奴,为国家争取到和平,所以人们往往感伤她的命运,往往将其与"红颜薄命"联系在一起。有意思的是,在真实的历史典籍中关于王昭君的记载非常简单,因为人们同情她的命运,所以从晋代的葛洪撰写《西京杂记》开始,围绕着她而生发出很多故事,这些故事大致都说王昭君天生丽质,但是性格清冷高傲,宫廷画师毛延寿仗着给宫女画像的机会索贿,王昭君拒绝行贿,所以被毛延寿画得丑陋不堪，汉元帝因此就把她下嫁给匈奴单于，临辞别时，汉元帝才发现王昭君魅力非凡，但为时已晚，虽然斩杀了毛延寿，但是昭君出塞和亲已经是一个不可挽回的现实。于是，汉元帝就经常在梦中思念这位美人，《汉宫秋》就是根据这段复杂的心理撰写出的一部文艺作品，在这部剧的第四折有这样几句话，"见被你冷落了潇湘暮景，更打动我边塞离情。还说甚雁过留声，那堪更瑶阶夜永，嫌杀月儿明！"这段话实际上是一段心理描写，描写的是剧中人睹物兴悲，因为思念，所以见到了大雁触发了思念。[1] 其实，在汉代，对周边少数民族采取和亲政策，王昭君并不是第一个，也不是唯一的一个，为了和当时西域的诸国和亲，谋取和平，汉王朝曾经先后下嫁了很多宗室女子，比如说，公元前105年，以汉家公主的身份被汉武帝嫁到乌孙国的刘细君。王昭君之所以能够名留千古，个中原因有很多，这里我们就不一一赘述了，不管怎么说，这位远嫁他乡的美丽女子在给我们留下凄婉故事的时候，也引发了我们很多的思考。

---

[1] 李爽：《〈汉宫秋〉文化场中王昭君的爱恋悲喜剧初探》，《安徽文学(下半月)》2015年第7期。

第二节 唐太宗李世民的"千古一叹"背后透露出来的秘密

据相关史料记载,唐太宗李世民有一次率领手下大臣巡视当时的"高考"也就是科举考试的考场时,见到原来很多桀骜不驯的读书人井然有序地、络绎不绝地争相进入科举考试的考场,忍不住仰天大笑,发出了"天下英雄尽入吾彀中矣"的慨叹,这个慨叹被称为"千古一叹"。之所以被称为"千古一叹",是因为它折射出了中国古代读书人的一种普遍的心理:这些以往桀骜不驯的读书人,为什么争先恐后地"尽入彀中"呢?我想其中一个很重要的原因就是他们都知道这个"彀中"有他们一生都不懈追求的东西,那就是"名"。清代有一则笔记小说里记载了这样一个故事,故事说的是一向喜欢微服私访的乾隆皇帝,有一次和纪晓岚一起微服私访,君臣二人走到一条大河旁边歇脚,见到河里的船往来络绎不绝,乾隆皇帝就问纪晓岚说,都说你特别有水平,那你能不能告诉我,这条河里一共有多少船?乾隆皇帝本以为这个问题能难倒纪晓岚,结果纪晓岚看都没看就躬身回答,"在臣看来只有两条船",乾隆皇帝听了不由一愣,说,"河里有这么多船,你怎么说只有两条呢?"纪晓岚回答说,"在臣看来,这些船无非一条装的是'名',一条装的是'利',所谓'天下熙熙,皆为名来,天下攘攘，皆为利往'，说的就是这个意思。"乾隆皇帝听了，觉得纪晓岚说的也不无道理。这个故事从一个侧面形象地说明了"名"和"利"确实是人们一生一世也难以摆脱的东西。其实，纪晓岚说的还不准确，从某种意义上说，河里只有一条船，这条船上装的就是"名"，因为在中国古代，"名"是可以变成"利"的，所谓"三年清知府，10万雪花银"说的就是这个意思，之所以能获得"10万雪花银"，是因为做了"三年清知府"，而之所以能做"三年清知府"，是因为在科举考试中能够金榜题名，即使是没有通过国家级的进士考试，就是通过省级的科举考试成了举人，那么从明代开始也享有帮助自己乃至他人免税的特殊权利，所以你看"范进中举"里的那位范进，只是中了省级考试的举人，就一下乐疯了。由此可见"名"和"利"在中国古代是绑在一起的，"利"实际上是小于"名"的，或者说"名"包含了"利"。可能有人会说隐士往往是不求"名"的，也不求"利"的，实际上却并非如此。

熟悉中国古代传统文化的人，想必听说过这两句话，叫作"翩然一只云中鹤，飞去飞来宰相衙"，这两句话出自清代蒋士铨的传奇戏剧《临川梦·隐奸》中的陈眉公的出场诗，这位陈眉公就是所谓的隐士，表面上看起来淡泊名利，实际上却整天奔走于当时的高官办公场所，其目的肯定是为了博取"名声"作为晋升之阶，①由此可见，即使是所谓的"隐者"也不能免俗。其实，岂止是文人，从事自然科学研究的人往往也是如此。华佗是中国古代几大名医之一。很多人可能都熟悉他曾经为关公刮骨疗毒，但是可能不一定知道他不仅是一个临床医学工作者，而且还是一个医学科研工作者。他曾经将其一生的医学实践心得写成了一部书，叫作《青囊经》。本想将这本书付梓，但是因为受到了奸臣的迫害而身陷囹圄。在入狱的那段期间，华佗用自己所掌握的医学知识帮助一位姓吴的狱卒治好了久治不愈的疾病，姓吴的狱卒非常感激，就想帮他的忙，华佗别的忙都没有要求他帮，只是拜托那位吴姓狱卒把那部《青囊经》刊印出来流传于世。②华佗此举，客观上肯定是为了悬壶济世，让这本书造福更多的人，但主观上也未尝没有为自己身后留名的考虑在内，这一点也是非常可以理

---

① 李斌：《真假隐士陈眉公》，《学术研究》2009年第11期。
② 程喜霖：《华佗之死及其生卒年》，《史学月刊》1983年第4期。

解的。所谓"人过留名,雁过留声",说的就是这个意思。科学传播领域又何尝不是如此呢?很多科学传播的大V博主,他们有的时候一天几更,有的时候为了撰写一篇有影响力的科学传播博文,往往克服常人难以克服的困难,到常人难以进入到的空间去实地考察,然后写成博文。他们这样做,客观上当然是为了更好地传播科学知识,但主观上也未尝没有想为自己博得更高知名度的考虑在内,这一点其实在笔者看来是毋庸讳言的。

第三节

要学即墨大夫，不要学东阿大夫，更不要把桓温的那句话当成座右铭

就像雁过留声一样，人过也应留名，这一点是毋庸讳言的。但是怎样留名却是一个问题。笔者不由想起了一个人，这个人叫作桓温，桓温是东晋人，此人应当说也是出于名门。他的先祖是曹魏帝国的大司农桓范，他的父亲名叫桓彝，此人在苏峻叛乱中被杀。为了报不共戴天的杀父之仇，时年只有15岁的桓温暗藏利刃，潜入杀父仇人的家中，在平常人认为几乎不可能的情况下，一连杀死了三个杀父仇人。在现代，无论是出于何种目的随便杀人，都要受到法律的严厉惩处。但在中国古代，在宗法制的社会环境中，报杀父之仇却被认为是一种高尚的行为，所以桓温不但没有受到惩罚，反而获得当时社会舆论环境的一致追捧，他本人还迎娶了当时的皇帝的女儿南康公主做妻子，不仅被封为驸马都尉，而且还继承了他父亲的爵位为万宁县男，公元335年，他被任命为琅琊内使，后加辅国将军。再后来又被任命担任徐州刺史并都督青、徐、兖三州诸军事，在桓温的后半生中，其实绝大部分时间都率领东晋的军队四出作战，先是扫灭了盘踞巴蜀的成汉政权，然后又先后多次率军渡过长江去攻打那些占领了西晋帝国江北土地的异族政权，第一次率领大军讨伐前秦时他曾经打到现在的陕西西安以

东的灞上,顺利进入了关中,第二次北伐的时候,他曾经率领部队,然后讨伐羌族首领姚襄,进入了西晋的首都金墉城,拜谒了晋朝先帝的皇陵,并把3000多家百姓南迁到长江汉水。第三次他又渡江北伐,讨伐前燕,正是因为有了包括但不限于上述这些成绩,桓温的野心开始逐渐膨胀起来,他已经不满足于只当一个臣子,而想当皇帝,于是就在太和六年,也就是公元371年的11月带兵入朝,威逼当时的皇太后废除了当时的皇帝,改立了一个新的皇帝,又企图让他册立的皇帝临死前禅位给自己,或者让自己摄政,当时担任侍中职务的王坦之却据理力争,使得它的阴谋没有得逞,大失所望的桓温接着又干了不少不该干的事情,在生命最后几年倒行逆施的时候,曾经有手下人劝他悬崖勒马,他却留下了一句话叫作"大丈夫生于世,不能流芳百世,亦当遗臭万年"！[1]桓温的这句话曾经被很多人视为座右铭！其实,在笔者看来,这是一种极端不可取的价值取向。与桓温形成鲜明对照的是即墨大夫。即墨大夫是

---

[1] 谢志斌:《〈世说新语〉桓温形象的建构与刘义庆的事功思想》,《南京晓庄学院学报》2022年第5期。

战国时期齐威王的手下，此人非常有才干，被齐威王任命为即墨那个地方的行政长官，就是即墨大夫，到了即墨那个地方之后，这个名叫田种首的人，扶持工商，奖励农耕，治理社会，使得即墨居民生活富裕，社会秩序安宁。但是他在治理即墨的过程中，也得罪了当地的一些有钱人，这些人和朝中的一些大臣勾结起来，而即墨大夫又不屑于去跟那些奸佞之臣搞好关系，所以这些人就拼命地在齐威王面前诋毁他。如果碰到一个一般的君王，那即墨大夫可能就危险了，但幸运的是他遇到的是齐威王，此人是个明君。即使耳边不断有人说即墨大夫的坏话，他也没有轻易相信，而是以微服私访的方式前往即墨考察，考察过程中，他发现即墨大夫是一个非常称职的好官员，所以回朝之后，立刻严厉惩处了那批说即墨大夫坏话的奸佞之臣，并且封即墨大夫为万户侯。在此次微服私访的过程中，齐威王发现东阿那个地方的最高行政长官东阿大夫与即墨大夫完全相反。他欺上瞒下，把当地搞得一团糟，并且拿出很多金钱来打点齐威王的左右，所以齐威王的左右都说他的好话，齐威王经过实地考察，发现东阿大夫是一个奸佞小人，所以就把他下令

成语"寓"科

成语中的科学启示

处死了。[①]有感于即墨大夫和东阿大夫的不同经历，古人留下了两句话，叫作"功名只可直中取，不可曲中求"。其实，科学研究领域又何尝不是如此呢？通过从事科学研究来获得一定的知名度本无可厚非，但是像日本的731给水部队那样通过解剖活人做实验来开展所谓的"科学研究"，却使得他们被永远钉在历史的耻辱柱上！科学传播界其实也是如此！前些年有个叫张悟本的人，在电视上曾经一度很火，他博取大名的方式就是胡说八道，比如说，绿豆包治百病！结果最后身败名裂！[②]包括但不限于上述故事告诉我们，走路就要走正道，求名应当求正名！

[①] 郭光文：《别让"小报告"蒙蔽了眼睛》，《人民之友》2019年第1期。
[②] 孙瑞灼：《"神医"张悟本为何治不好自己的病》，《决策探索（上半月）》2014年第3期。

后　记

　　几年前，在参加一次国际学术研讨会时，与会的一位西方学者曾经煞有介事地说，科学技术是有其生存的土壤的，而中国古代文化的土壤不适合科学技术生存，所以在 1840 年中国和西方第一次剧烈碰撞的时候，西方依靠科学技术的发达就完胜了中国。有一位中国学者现场反驳说，别忘了你们那位叫 Joseph Needham 的学者可是专门写了一部《中国科学技术史》啊。那位西方学者辩解说，Joseph Needham 即李约瑟先生的那部著作所谈论的并不是中国古代的主流文化，在中国古代的主流文化中是没有科学技术的地位的！

　　这件事情引发了笔者的思考，经过认真的反思之后，笔者觉得与其做那种"有"或"没有"的争论，不如去摆事实，讲道理，用无可辩驳的事实去驳斥包括但不限于那名别有用心的西方学者在内的一些人的妄言，于是，笔者就开始思考如何在中国主流的文化中寻找科学技术的因子，于是就想到了成语。

　　虽然从理论上说成语全社会都可以使用，但是，在中国古代，它主要还是应用于上层社会的主流话语层，《论语》中大成至圣先师孔子教育他的儿子孔鲤曾经说过"不学诗无以言"，实际上就从一个侧面形象地说明了类似成语这样的"雅言"在中国古代的上层社会主流话语层中的流行程度，因为我们今天很多还在使用的成语就出自《诗经》，比如说"窈窕淑女""凤凰于飞""未雨绸缪"等，那么，能否从成语中寻找到中国古人对于科学精神和科学技术、科学传播等等的态度呢？循着这个思路，笔者就开始了艰难的资料搜集工作。

笔者在2022年12月9日应邀作为评委，参加北京市社会科学研究正高级系列评委会的职称评审工作后，不幸感染新冠病毒。笔者强忍着剧烈的咳嗽和难耐的高烧继续写作，用文字证明以"成语"为代表的中国古代主流文化与"科学精神"、"科学技术"、"科学传播"之间的关系。在新冠病毒感染期间，笔者依然笔耕不辍，前后花了大约将近十个月的时间，终于写就了这部书稿。当敲下本书最后一个字符的时候，时光老人的脚步已经从公元2022年的12月迈入到2023年的9月了。

在本书的写作过程中，张涵同志参与了本书的大量工作，她独立撰写了10万字左右的文稿。

非常感谢新华出版社的编辑从创新青少年思政教育的高度策划"君说成语"系列图书，而这部《成语"寓"科——成语中的科学启示》是该系列丛书的第一部。

非常感谢中国教育电视台袁小平台长在百忙中拨冗为本书作序！非常感谢教育部"长江学者"，北京大学艺术学院副院长、博士生导师陈旭光教授，清华大学新闻传播学院博士生导师李彬教授，教育部"长江学者"，北京师范大学新闻传播学院学术委员会主任，博士生导师喻国明教授，著名文化学者，世界诗歌学会副会长，北京师范大学文学院博士生导师谭五昌教授等联袂对本书倾情推荐！他们的鼎力支持，为本书增色不少！

非常感谢笔者的家人在本书写作的过程中提供宝贵支持。

由于笔者才疏学浅，在行文过程中难免有挂一漏万和舛讹之处，敬请海内外专家不吝指正。

张志君

2023 年 9 月 25 日于北京

参考文献

司马迁：《史记》，中国文史出版社 2020 年版

班固：《汉书》，中华书局出版社 2012 年版

陈寿：《三国志》，中华书局出版社 2011 年版

脱脱等：《宋史》，上海人民出版社 2015 年版

张廷玉等：《明史》，中华书局 1974 年版

司马光等：《资治通鉴》，中华书局 2016 年版

王涛等：《中国成语大辞典》，上海辞书出版社 1987 年版

刘义庆：《世说新语》，中华书局 2016 年版